l'année de

PLANTU

2024

MERCI QUI ?

CALMANN
LEVY
Graphic

DAMOCLÈS

PRÉFACE

MERCI QUI ?

Toutes les femmes et les hommes politiques vous le diront : il est rare qu'un citoyen vienne lui dire « Merci ! ». Avec Macron, ce n'est pas différent ! Mais ça viendra peut-être avec le temps… comme pour Chirac : à la fin, tout le monde l'adorait, alors que de 1995 à 2007, il en avait vu de toutes les couleurs : « Paresseux ! Incapable ! Macho ! Raciste ! Facho !! » Ça me permettait de faire des dessins grinçants…

Mais peut-on faire des dessins drôles tous les jours ? Difficile aujourd'hui si l'on considère la politique internationale : la tragédie du « 7 octobre » en Israël, la guerre à Gaza, celle en Ukraine, la montée de l'antisémitisme…

Alors le dessin se fait plus grave. Mais la gravité ne doit pas museler notre liberté de parole même si les réseaux sociaux guettent la moindre occasion de s'acharner sur celui qui ose revendiquer un autre point de vue.

Bien sûr, on peut s'interroger sur le rôle du dessinateur : a-t-il vraiment son mot à dire ? N'y a-t-il pas une indécence à mettre son grain de sel sur tous les sujets ? L'artiste est d'abord un citoyen : il a un avis, une opinion et, comme il ne sait pas faire autre chose que dessiner, il discute avec son crayon, sa feuille de papier et sa gomme, puis les doigts dansent avec le feutre, et enfin il griffonne un début d'idée : la conversation commence. Lorsque le dessin est bon, il exprime clairement une opinion politique.

Comment raconter une dissolution inattendue ? Tout le monde a parlé de « coup de poker », de « bombe », de « séisme » : moi, j'ai tout de suite vu la ceinture d'explosifs qui allait dynamiter l'Assemblée nationale… Ah ! mais à l'Assemblée, il y a les colonnes… et je les ai transformées en bâtons de dynamite. Je commençais à m'approcher du dessin final.

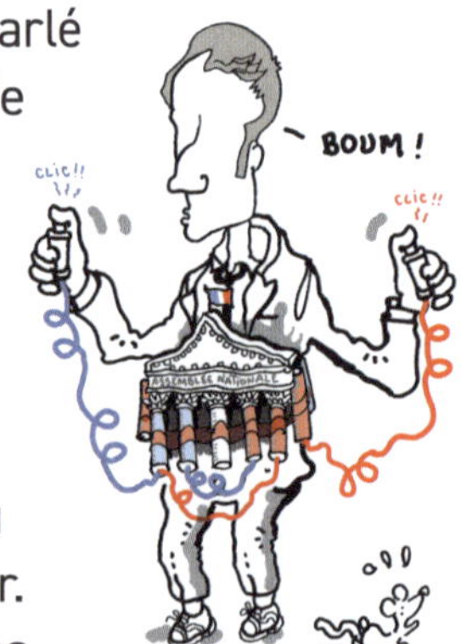

Un peu de légèreté dans ce monde de brutes : malgré la colère de nombreux Français contre leurs dirigeants, la France a connu pendant les Jeux olympiques des moments de bonheur et d'espoir. Contre toute attente, les Français se sont réapproprié les symboles républicains, en particulier le drapeau et la *Marseillaise* : et je me suis surpris à dessiner ces instants de grâce, je n'en ai pas l'habitude. La joie, l'espoir, l'inclusion, la diversité acceptée…

Durant l'année, j'ai parcouru la France dans tous les sens pour rencontrer des centaines d'élèves ; je ne leur apprends pas à dessiner ; je leur apprends juste à s'exprimer. Quand les mots n'arrivent pas à sortir de la bouche, le plus simple est de prendre un crayon : on le laisse faire, on raconte ce qu'on croit comprendre, ensuite on partage une émotion, une opinion ; une conversation s'instaure entre le cerveau de l'apprenti dessinateur et sa feuille de papier, son crayon, sa gomme et ses feutres. C'est le début d'une étincelle ! Et, cette étincelle, je la vois dans les yeux de ces élèves tellement fiers de montrer leurs magnifiques dessins.

Mais je suis aussi et surtout un caricaturiste : il y a les bons clients et les autres. Quand je vois Mathilde Panot, mon crayon se met à bouger sous mes doigts, et le dessin se fait tout seul. Ah ! bien sûr un dessin sur Mathilde Panot est plus facile à faire qu'un dessin sur Michel Barnier : il ne sortira pas la petite phrase qui énerve tout le monde. S'il reste trop longtemps à Matignon — pronostic périlleux —, il risque de mettre les caricaturistes au chômage...

Quand j'étais petit et que je faisais le zouave, mes parents me disaient souvent : « Arrête de faire l'artiste ! » Du coup, pendant des années, je n'ai pas osé dire que j'étais un artiste... Je l'admets seulement depuis une dizaine d'années et encore... je suis peut-être tout simplement un escroc.

Car j'ai une véritable admiration pour les artistes, les peintres, les comédiens, les chanteurs et les chanteuses. Je pense à Françoise Hardy qui nous a fait partager sa nostalgie du temps qui passe. « Partir quand même... » C'est une manière élégante de nous quitter et de nous murmurer sa tendresse.

Et je me retrouve devant mes feuilles de papier, mes crayons, mes feutres et mes gommes... et j'esquisse une image...

« Dessiner quand même... ♪♪♪♪♪♪ »

PLANTU

« Une nation a solennellement promis à une seconde le territoire d'une troisième. »

Arthur Koestler (écrivain et journaliste) à propos de la déclaration Balfour de 1917, sur l'avenir de la Palestine

GAZA-ISRAËL

(7 OCTOBRE 2023...)

MASSACRE DU 7 OCTOBRE 2023

Le Hamas lance des attaques meurtrières sans précédent contre Israël et sa population. Au terme d'une journée de massacre, de torture et de viols, le bilan s'élève à près de 1 200 victimes, dont 36 enfants, et plus de 7 500 blessés. Trois kibboutz, Be'eri, Nir Oz et Kfar Aza, situés près de la frontière avec Gaza, ont particulièrement été touchés, ainsi qu'un festival de musique. Plus de 250 personnes, hommes, femmes, enfants et vieillards, Israéliens, binationaux ou de diverses nationalités, ont par ailleurs été enlevés. Il resterait, en septembre 2024, 97 otages à Gaza, dont 33 seraient morts selon Tsahal. Cette journée est la plus meurtrière de l'histoire d'Israël et, pour les juifs, depuis la Seconde Guerre mondiale.

Musée d'art et d'histoire du judaïsme

TUERIES DE MASSE

Avec 364 morts, environ 2 000 blessés et une quarantaine de personnes kidnappées, le festival Nova, près du kibboutz de Réïm, dans le désert du Néguev, restera comme une des pires tueries de masse de l'histoire récente, loin devant le Bataclan (90 morts) en 2015 à Paris. Ce festival de musique électronique portait pourtant un message de paix et d'amitié.

Israël 2023

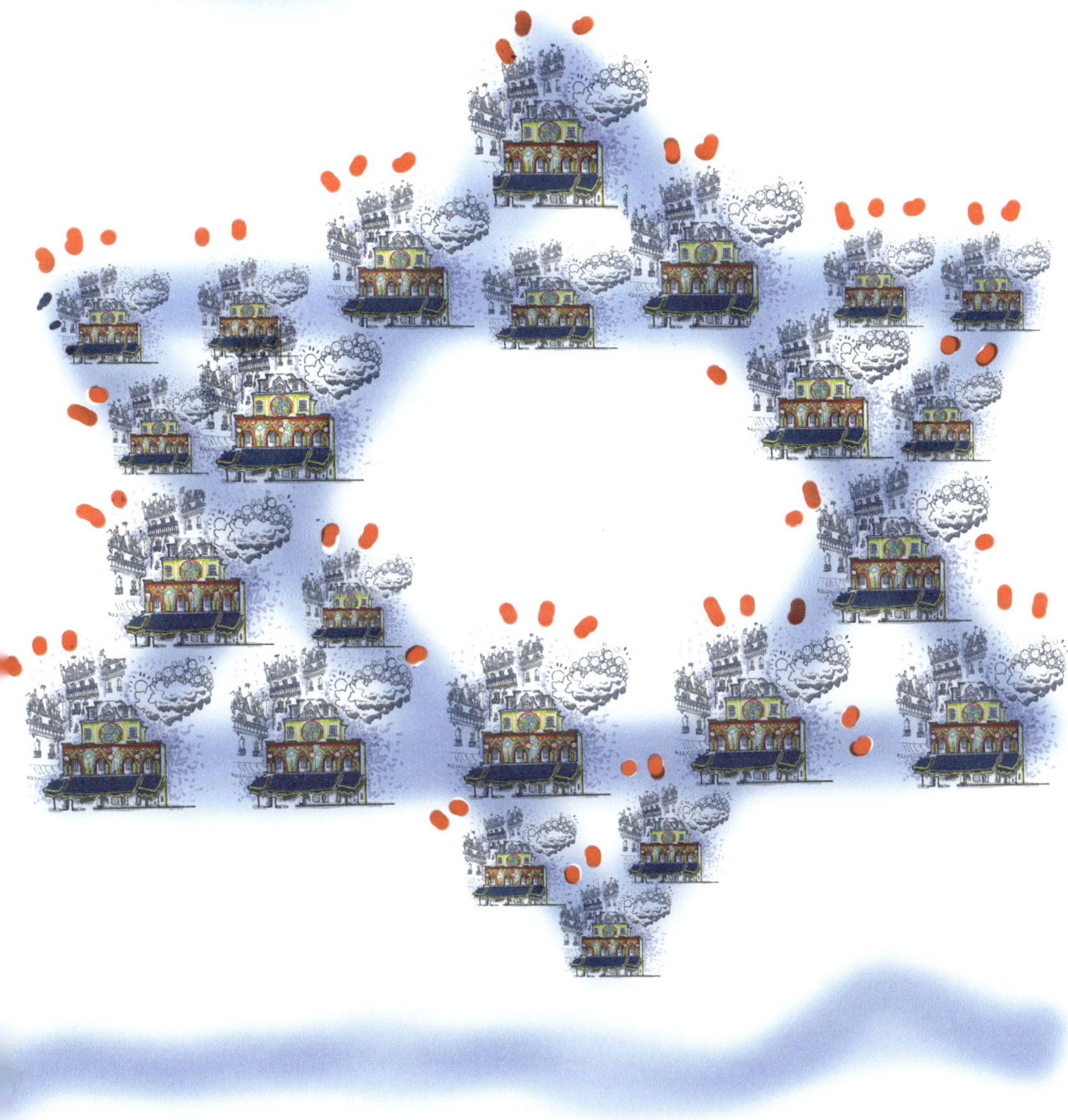

OTAGES ISRAÉLIENS

Partie intégrante de l'attaque du Hamas, la prise d'otages de 252 personnes demeure au cœur de la vie politique israélienne. Sur ce nombre, 112 ont été libérés dans le cadre d'un échange à la fin de novembre 2023 et une vingtaine de dépouilles ont été retrouvées – dont trois otages tués par erreur par des soldats israéliens. Le 31 août 2024, la découverte des corps de 6 otages exécutés par le Hamas provoque un vif émoi en Israël. S'ensuivent des manifestations monstres qui dénoncent la politique du gouvernement de Benyamin Nétanyahou, accusé de faire échouer sciemment les négociations. En septembre 2024, il resterait 97 personnes captives, dont les deux tiers présumées vivantes, auxquelles il faut en ajouter 4, détenues par le Hamas avant le 7 octobre.

« J'espère qu'Israël et le Hamas trouveront un accord et que les otages seront libérés. Nous, à Gaza, nous vivons également comme si nous étions otages du Hamas. »

Sami Obeid, journaliste gazaoui qui a animé une station de radio à Gaza

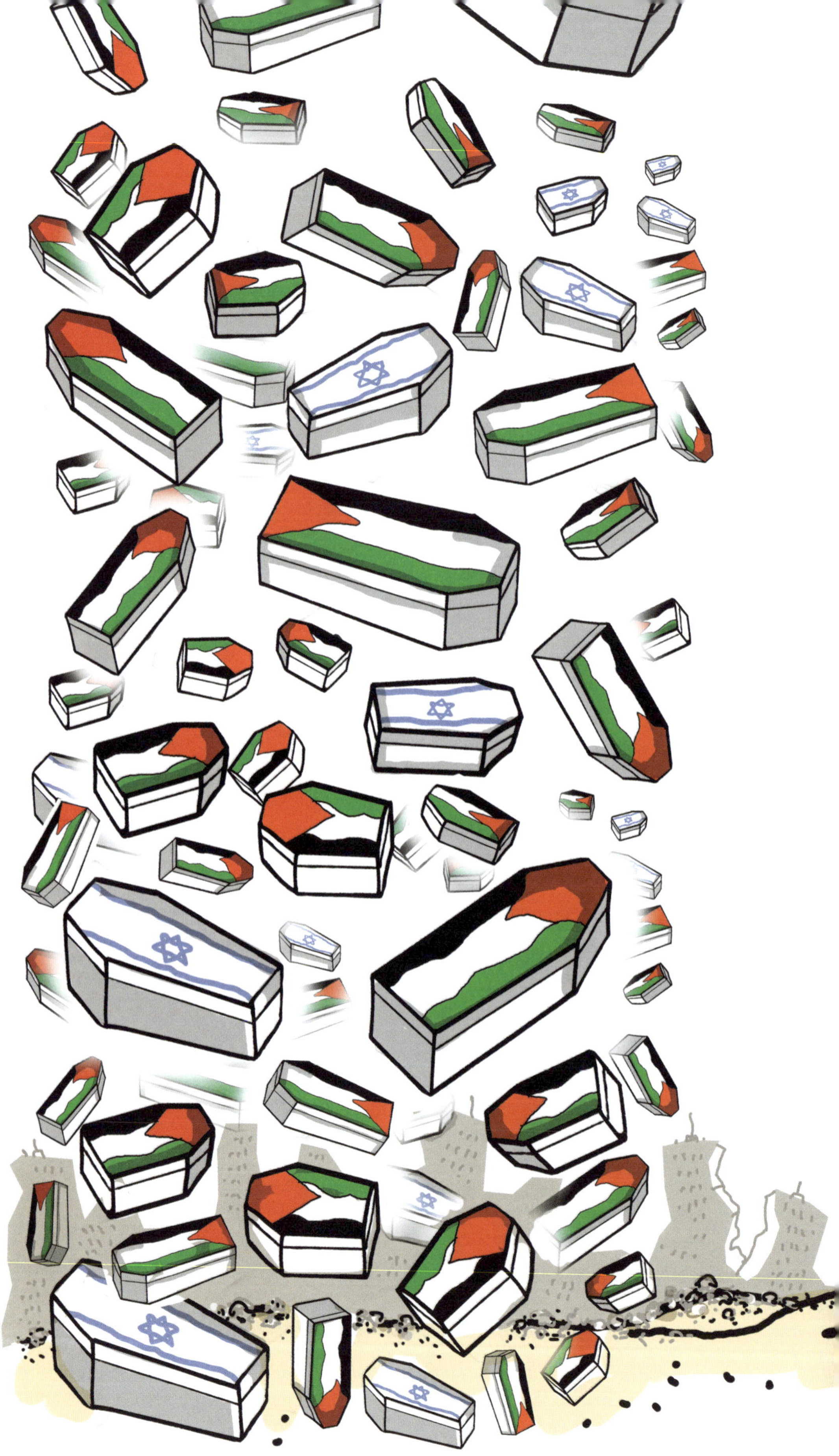

LA GUERRE À GAZA

En réponse aux attaques du Hamas de l'opération baptisée *Déluge d'al-Aqsa*, le gouvernement israélien lance une offensive terrestre d'envergure dès le 13 octobre, accompagnée de bombardements intenses et d'un blocus strict du territoire. Début septembre 2024, le nombre de morts palestiniens est évalué par le ministère de la Santé de Gaza et l'Unicef à plus de 40 000.

DES TUNNELS ET DES ARMES

Dès les années 2010, les tunnels de Gaza ne sont plus seulement destinés à la contrebande. Le Hamas y voit un intérêt stratégique et va très largement financer des tunnels militaires qui permettent de mener des attaques sur le territoire israélien sans être détectés. La destruction de ces tunnels devient un objectif de l'armée israélienne.

Le Monde, février 2024

Dans une interview à la chaîne Al Jazeera en 2022, Ismaïl Haniyeh, le chef du Hamas, a reconnu que son groupe avait reçu 70 millions de dollars d'aide militaire de la part de l'Iran : « Nous avons des roquettes fabriquées localement, mais les roquettes à longue portée viennent de l'étranger, de l'Iran, de la Syrie et d'autres pays. »

Ici-Beyrouth, octobre 2023

FINANCEMENTS

Depuis le début de l'offensive le 7 octobre, le financement du Hamas est passé au microscope par les États qui octroient une aide à la population de la bande de Gaza. Le mouvement terroriste palestinien, qui bénéficie de 30 millions de dollars mensuels du Qatar, reçoit aussi une aide de la part de l'Iran et utilise les cryptomonnaies ou les taxes pour se financer.

***Challenges*, octobre 2023**

LES ÉTATS-UNIS ET LE CONFLIT

Joe Biden essaie de concilier son soutien à Israël avec la tentative de trouver une issue à la guerre à Gaza. « Israël et les États-Unis ont accepté ces paiements parce que l'idée était que si le problème du Hamas et de Gaza ne pouvait pas être résolu, il pourrait au moins être atténué », explique Matthew Levitt, analyste au Washington Institute for Near East, sur BBC News.

HAMAS

LA RELIGION, ÇA RASSEMBLE !
Hamas

COUR PÉNALE INTERNATIONALE

Dans le dossier le plus sensible de l'histoire de la Cour pénale internationale (CPI), le procureur Karim Khan a requis, le 20 mai 2023, des mandats d'arrêt contre les dirigeants du Hamas et ceux d'Israël pour des crimes contre l'humanité commis durant l'attaque du 7 octobre 2023 et la guerre à Gaza qu'elle a suscitée.

Benyamin Nétanyahou, le Premier ministre israélien, et Yahya Sinouar, le chef du mouvement islamiste à Gaza, sont réunis sous un même chef d'inculpation : cette équivalence, posée par deux requêtes annoncées de concert, révulse en Israël. Elle suscite parmi les Palestiniens l'espoir qu'une pression internationale accrue mette fin à la guerre, et un sentiment de reconnaissance.

***Le Monde*, mai 2024**

HUMANITAIRE

Les agences de l'ONU et les organisations humanitaires assurent que l'arrivée de plus grandes quantités d'aide via les points de passage frontaliers de Gaza n'a pas permis d'atténuer la crise humanitaire, faute de points de distribution en nombre suffisant.

Les pillages et la contrebande « sont généralisés » dans la bande de Gaza et « empêchent » la livraison de l'aide humanitaire, a dénoncé le chef de l'agence de l'ONU en charge des réfugiés palestiniens (UNRWA) lors d'un conseil d'administration. « L'effondrement de l'ordre civil donne lieu à des pillages et à une contrebande généralisés qui entravent l'acheminement de l'aide humanitaire dont la population a désespérément besoin », a dit Philippe Lazzarini (commissaire général de l'Office de secours et de travaux des Nations unies pour les réfugiés de Palestine dans le Proche-Orient) lors d'une réunion à Genève de la Commission de conseil chargée de superviser la conduite de l'agence.

***Le Parisien*, juin 2024**

AIDE
HUMANITAIRE
PLANTU

HAMAS

« HÔPITAL BOMBARDÉ »

Le 17 octobre 2023, 10 jours après le pogrom, le Hamas a prétendu que Tsahal avait bombardé intentionnellement l'hôpital Al-Ahli à Gaza, faisant près de 500 morts. On sait aujourd'hui que, en réalité, l'explosion était très probablement due à un défaut moteur d'un missile tiré depuis Gaza, que l'hôpital est toujours debout et que le nombre de victimes est infiniment moins élevé qu'annoncé. Mais le mal est fait. Depuis cette annonce, les manifestations dites propalestiniennes prennent une tournure encore plus radicale qu'auparavant.

France Culture, octobre 2023

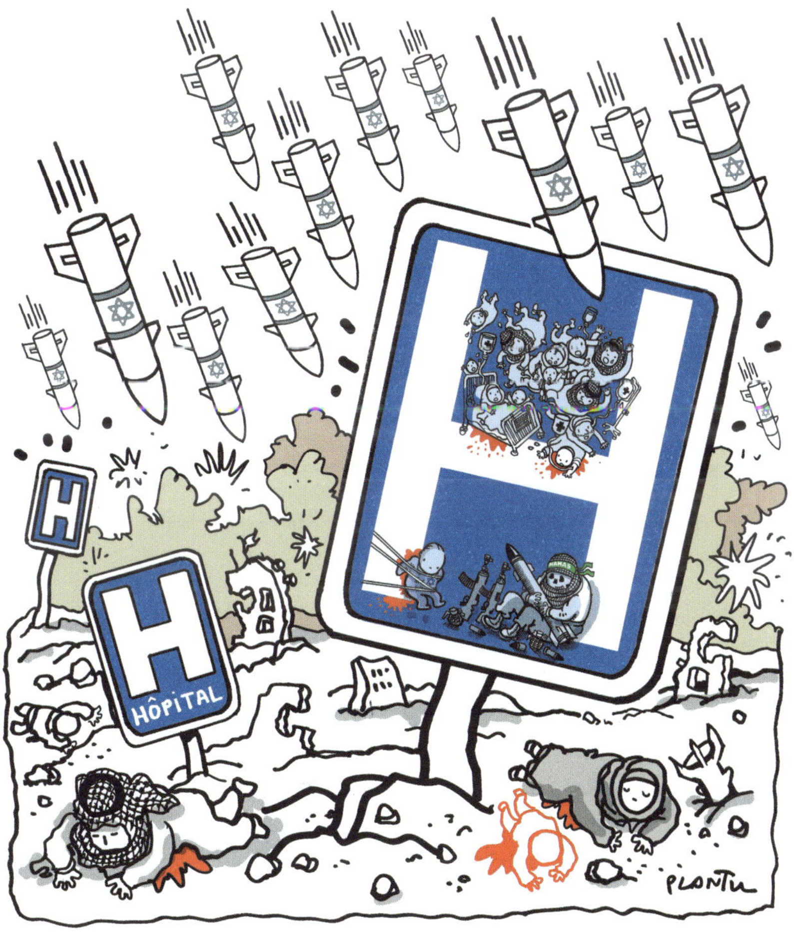

RAFAH
OTAGE
GAZA
NORD

LE DÉPLACEMENT PERPÉTUEL DES GAZAOUIS

Depuis le début de la campagne militaire lancée par Israël dans la bande de Gaza, plus de deux millions de Gazaouis vivent au rythme des déplacements forcés au gré des opérations militaires de l'État hébreu.

***Courrier international*, juin 2024**

Au huitième mois de la guerre à Gaza, la peur d'une nouvelle Nakba (la grande «catastrophe» en arabe : il y a 75 ans, des centaines de milliers de Palestiniens étaient expulsés de leurs terres au lendemain de la proclamation de l'État d'Israël, le 14 mai 1948) hante les Palestiniens, ceux d'Israël comme ceux des territoires occupés.

Dessin publié en 1983.

LE TEMPS DE L'ESPOIR

En 1991 et 1992, Yasser Arafat puis Shimon Pérès signent sur la même feuille « la solution à deux États » avant les accords d'Oslo de 1993 (lors des entretiens avec l'auteur).

COLONIES

Environ 700 000 colons sont implantés dans les territoires occupés par Israël.

Dessin publié dans *Le Monde* en 1974.

L'ATTENTAT
DE LA RUE DES ROSIERS

Le temps des maîtres sorciers

En 1982, l'attentat de la rue des Rosiers, à Paris, a fait 6 morts et 22 blessés.

EXISTENCE DE L'ÉTAT D'ISRAËL

En 2005, quatre mois après son élection à la tête de la République islamique, Mahmoud Ahmadinejad a tenu de violents propos contre l'État juif, qu'il appelle à «rayer de la carte». En 2015, le géant américain de l'édition HarperCollins a volontairement omis Israël d'une carte destinée aux écoliers anglophones du Moyen-Orient. En 2024, c'est le slogan «De la rivière à la mer, la Palestine sera libre», c'est-à-dire du Jourdain à la Méditerranée, qui sous-entend la fin de l'État d'Israël.

France Inter, novembre 2023

ACTES ANTISÉMITES EN FRANCE

Pierre Rosanvallon (historien et sociologue) estime que le nombre élevé d'actes antisémites relevés depuis le 7 octobre «n'est pas la conséquence exclusive du conflit israélo-palestinien». «Bien sûr, il joue un rôle important aujourd'hui. Mais ce que montrent ces événements, c'est la présence, la persistance de tout un antisémitisme latent dans la société française.»

GAZA-İSRAËL

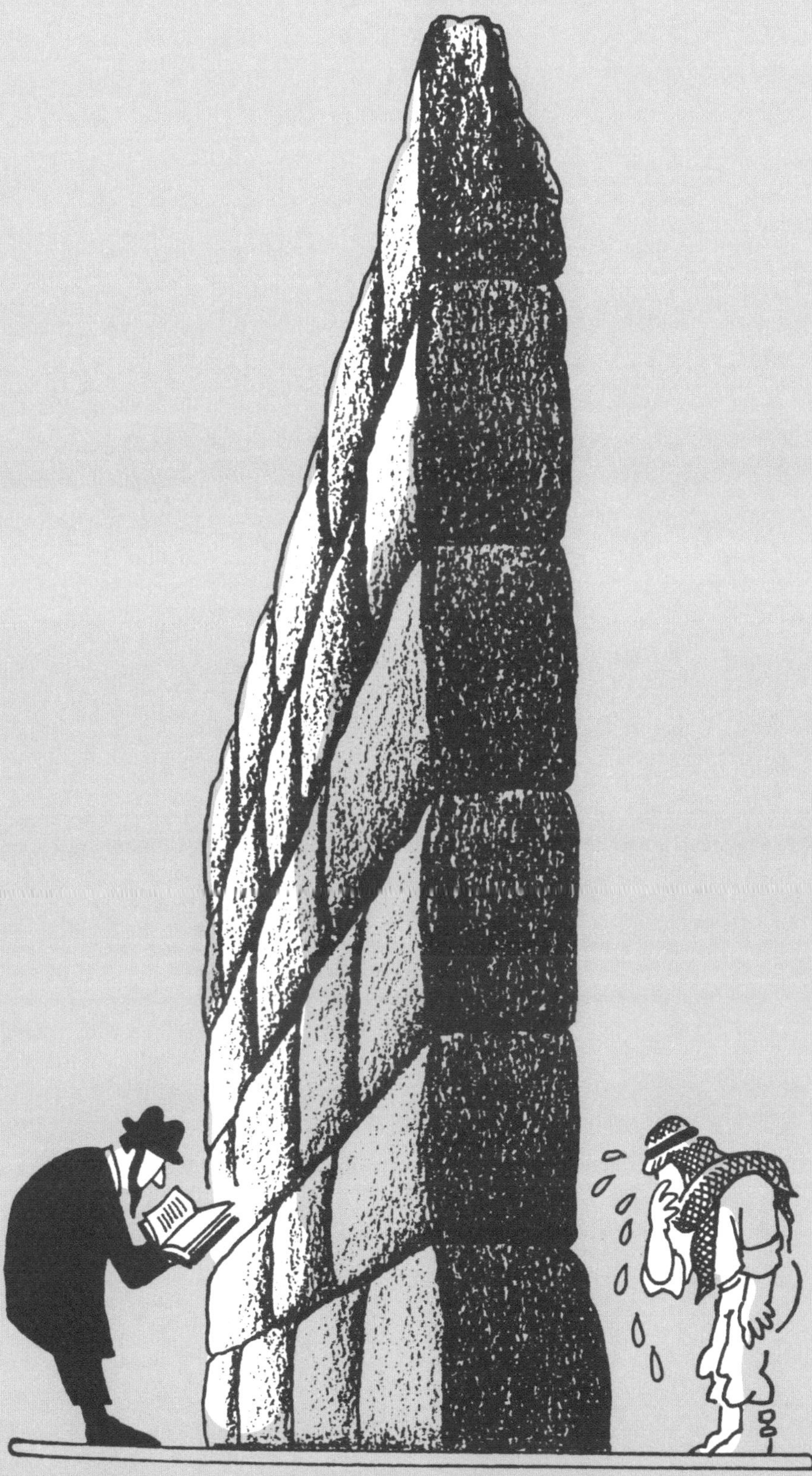

MISE EN SCÈNE

Le Hamas a scénarisé la libération des otages voulant faire croire aux yeux du monde entier en son humanité...

CESSEZ-LE-FEU

En novembre 2023, un accord de cessez-le-feu a été conclu. Il a permis la libération de 86 otages israéliens, 240 prisonniers palestiniens et 24 otages d'origine étrangère.

La trêve humanitaire, qui a duré 6 jours, a également permis l'acheminement de fournitures humanitaires dans la bande de Gaza.

Unicef, juillet 2024

ACTES RACISTES EN FRANCE

« L'année 2023 est marquée par une très forte augmentation des actes racistes (+ 32 % – chiffres du Service statistique ministériel de la sécurité intérieure), avec en particulier une explosion des actes antisémites (+ 284 % – chiffres de la direction nationale du renseignement territorial). Plusieurs facteurs peuvent expliquer cette évolution très préoccupante, au-delà des réactions à l'attaque terroriste du 7 octobre et aux opérations militaires d'Israël : la polarisation des débats relatifs au projet de loi Asile et Immigration, les émeutes qui ont suivi la mort de Nahel, tué par un tir policier, l'attentat djihadiste contre le professeur Dominique Bernard à Arras, les violences qui ont suivi la mort de Thomas à Crépol. »

***Rapport 2023 sur la lutte contre le racisme, l'antisémitisme et la xénophobie*, Commission nationale consultative des droits de l'homme (CNCDH)**

CONDAMNATION

Le ministre de l'Intérieur, Gérald Darmanin, affirme que les actes antimusulmans ont augmenté de 30 % en France en 2023 par rapport à 2022, avec 242 faits. « Je condamne au nom de l'État en particulier tous les actes commis contre des mosquées, à Pau, à Persan ou à Talence, parfois en présence de fidèles pendant la prière. Je pense notamment à l'incendie criminel du 13 janvier 2024 contre la mosquée de Morlaix dans le Finistère, pour lequel l'auteur a d'ailleurs été interpellé en 10 jours et aujourd'hui placé en détention », a ajouté Gérald Darmanin, le 26 février 2024.

INCENDIE DE SYNAGOGUES

Un « acte antisémite particulièrement grave », dénonce Gérald Darmanin le 17 mai 2024 après un attentat terroriste contre la synagogue de Rouen. « La bête immonde a frappé. S'attaquer à une synagogue, c'est s'attaquer aux juifs, c'est donc s'attaquer à nous toutes et tous, à la République », a affirmé Nicolas Mayer-Rossignol, maire de Rouen. En août 2024, la synagogue de La Grande-Motte est en partie incendiée par un nouvel acte terroriste.

MÉMOIRE

LUTTE CONTRE L'ANTISÉMITISME

Le gouvernement lance les « assises de lutte contre l'antisémitisme », dont la flambée alarme la communauté juive. La ministre déléguée chargée de la lutte contre les discriminations, Aurore Bergé, a réuni à Paris les responsables de plusieurs associations (Ligue internationale contre le racisme et l'antisémitisme, SOS-Racisme...) et les représentants des six principaux cultes pour plancher sur le sujet.

Le Monde, mai 2024

« Il faut emmener les élèves visiter une synagogue, une église, une mosquée, un temple... Nous avons perdu une génération, il faut travailler sur la suivante. »

Haïm Korsia (grand-rabbin de France)

SCIENCES PO

Le militantisme des étudiants pro-Gaza à Sciences Po est accusé d'alimenter l'antisémitisme sur le campus. « Qu'on fasse preuve de solidarité à l'égard des Palestiniens, qu'on montre le rejet des crimes qui sont commis à Gaza, c'est naturel », a jugé Raphaël Glucksmann, député européen. « Après, est-ce qu'on est capable d'organiser des discussions avec ceux qui ne partagent pas le même point de vue ? », a-t-il complété. Pour le président du Conseil représentatif des institutions juives de France, Yonathan Arfi, qui s'exprimait sur LCI, même si le mouvement à Sciences Po n'a « rien de massif » : « Ça prend en otage le campus entier, ça empêche la liberté académique et fait peser un climat de terreur intellectuelle sur une partie des étudiants juifs. »

France Bleu, avril 2024

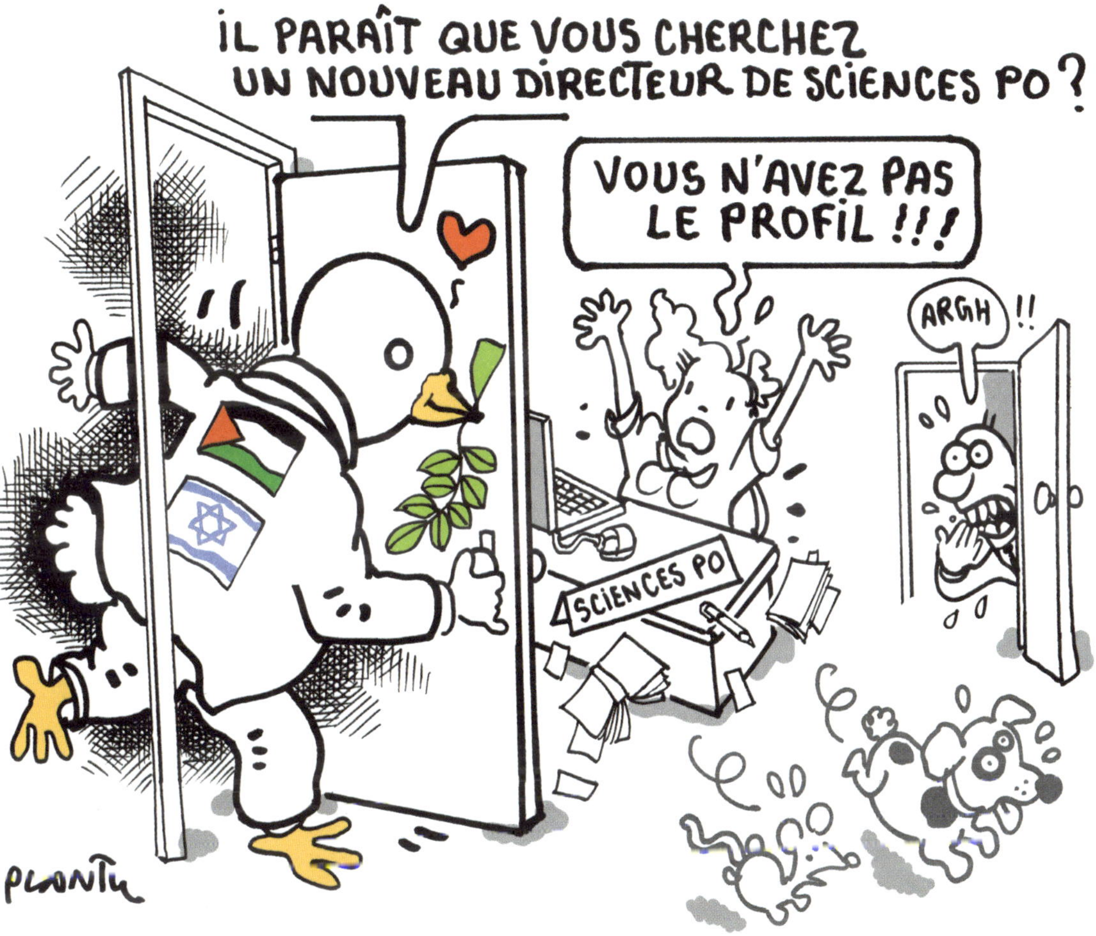

CHANGEMENT DE DIRECTION

Qui prendra la direction de Sciences Po le 20 septembre ? Ce renouvellement de la direction intervient dans un contexte de convalescence de l'institution après une crise sans précédent liée à la mobilisation contre la guerre à Gaza. Le Premier ministre, Gabriel Attal, a utilisé, pour la critiquer, l'image d'un poisson qui « pourrit par la tête », sous influence idéologique, d'après lui, d'une « minorité agissante » d'étudiants militants.

***Le Monde*, juin 2024**

PLANTU

PAS LES BIENVENUS !

L'hommage national rendu mercredi 14 février 2024 à Robert Badinter est au cœur d'une polémique politique. La famille de l'ancien ministre de la Justice a formulé le souhait que les élus du Rassemblement national et de la France insoumise n'y assistent pas. Le parti de Jean-Luc Mélenchon a néanmoins annoncé la présence de deux de ses députés moins « clivants » que Mathilde Panot et Manuel Bompard : Caroline Fiat, vice-présidente de l'Assemblée nationale, et Éric Coquerel, président de la Commission des finances.

HOMMAGE AUX VICTIMES ISRAËL-GAZA

L'Élysée envisage un « temps mémoriel » pour les « victimes françaises des bombardements à Gaza ». La France insoumise a « salué » la déclaration de la présidence sur un possible hommage aux victimes françaises des bombardements dans l'enclave palestinienne.

France Info, février 2024

"L'antisémitisme reste résiduel en France".
Jean-Luc Mélenchon
"Les chambres à gaz sont un point de détail de l'histoire de la 2e Guerre mondiale".
Jean-Marie Le Pen

LIBERTÉ
ÉGALITÉ
LAÏCITÉ

DÉFINITION

La laïcité implique la neutralité de l'État et impose l'égalité de tous devant la loi sans distinction de religion ou conviction. La laïcité garantit aux croyants et aux non-croyants le même droit à la liberté d'expression de leurs croyances ou convictions. Elle assure aussi bien le droit d'avoir ou de ne pas avoir de religion, d'en changer ou de ne plus en avoir. Elle garantit le libre exercice des cultes et la liberté de religion, mais aussi la liberté vis-à-vis de la religion : personne ne peut être contraint au respect de dogmes ou prescriptions religieuses.

laicite.gouv.fr

QUELLE LAÏCITÉ ?

« Le principe de laïcité est au fondement du système éducatif français depuis la fin du XIXe siècle. Les différents enseignements contribuent à la transmission de la laïcité, en particulier l'enseignement moral et civique, l'histoire-géographie ou encore la littérature. Des mesures sont mises en œuvre pour soutenir les professeurs, les directeurs d'école et les chefs d'établissement qui sont parfois confrontés à des remises en cause du principe de la laïcité. »

Ministère de l'Éducation nationale et de la Jeunesse

LAÏCITÉ
école

HOMMAGE AUX INVALIDES, LE 7 FÉVRIER 2024

« La barbarie et nos lumières. Car ceux qui tuent par haine trouveront toujours face à eux ceux qui sont prêts à mourir par amour. Et toujours, ils verront s'élever contre eux notre pays qui, ce 7 octobre, a été touché dans sa chair. »

Emmanuel Macron, hommage aux 42 victimes françaises des attaques terroristes du 7 octobre en Israël

« JE CHOISIS LA CAUSE DE TOUS LES ÊTRES HUMAINS »

« Je ne choisis pas aujourd'hui l'un des deux camps meurtriers du Hamas et d'Israël. Mais je choisis la cause de ce qui n'est pas un camp, la cause de toutes celles et tous ceux qui, des deux côtés, sont les victimes de la monstruosité : la cause des Israéliens assassinés, violentés, retenus en otage, et la cause de tous les Gazaouis qui ont déjà péri, qui meurent de faim, qui fuient dans la terreur. Je choisis la cause de tous les êtres humains qui meurent de l'oubli de la sagesse d'Abraham. »

Abdennour Bidar
(philosophe, spécialiste de l'islam),
***Le Monde*, avril 2024**

Jean Zay est assassiné par la Milice en 1944.
Il entre au Panthéon le mercredi 27 mai 2015.

ÉCOLE

UN PROFESSEUR ASSASSINÉ À ARRAS

Trois ans presque jour pour jour après l'assassinat de Samuel Paty, l'ensemble de la communauté éducative est à nouveau sous le choc après le meurtre, vendredi 13 octobre 2023 à Arras (Pas-de-Calais), de Dominique Bernard, un professeur de français du lycée Gambetta. L'assaillant, un ancien élève de l'établissement, islamiste d'origine ingouche de 20 ans, a aussi frappé un agent territorial, puis un second professeur qui tentait de s'interposer.

ÉCOLE
ÉCOLE
ÉCOLE
ÉCOLE
ÉCOLE
ÉCOLE
ARRAS
ÉCOLE
ÉCOLE
ÉCOLE
ÉCOLE
ÉCOLE
ÉCOLE
PLANTU

ARRAS
L'Assassin muré dans le silence

ÉCOLE EN DEUIL

L'école restera un « rempart contre l'obscurantisme » et un « sanctuaire pour nos élèves et pour tous ceux qui y travaillent », a déclaré Emmanuel Macron à l'attention des « professeurs, chefs d'établissement, personnels de l'Éducation nationale et des collectivités territoriales » et des « élèves de France ». Dans tout le pays, des hommages sont rendus à Dominique Bernard et Samuel Paty, le 16 octobre 2023.

VIOLENTE AGRESSION D'UNE COLLÉGIENNE

Samara, une adolescente de 13 ans, a été violemment agressée par d'autres élèves du collège Arthur Rimbaud à Montpellier. Cinq mineurs ont été mis en examen pour tentative d'homicide. Si l'enquête administrative relève un « mal-être » de l'adolescente mais aucune « situation de harcèlement », le phénomène du harcèlement à l'école est néanmoins préoccupant : une enquête a montré que le harcèlement touche 5 % des écoliers du CE2 au CM2 ; 6 % des collégiens ; 4 % des lycéens. Cela signifie que, en moyenne, on compte plus d'un élève harcelé par classe.

Le Bateau ivre
Je sais les cieux crevants en éclairs, et les trombes
Et les ressacs et les courants : je sais le soir,
L'Aube exaltée ainsi qu'un peuple de colombes,
Et j'ai vu quelquefois ce que l'homme a cru voir !
Arthur Rimbaud
Collège Arthur Rimbaud
Rimbaud

CULTURE

« La culture n'est pas un luxe, c'est une nécessité. »

Gao Xingjian (écrivain, prix Nobel de littérature)

« Quand on ne sait pas s'exprimer, quand on ne manie que de vagues approximations, il ne reste que les poings, la violence fruste, stupide, aveugle. »

Jacqueline de Romilly (helléniste, académicienne française)

« Macron est bien trop petit pour porter, à lui seul, la totalité du désastre. Je nous pense, en partie, responsables, nous, gens de gauche, nous, gens de culture. On a lâché le peuple, on n'a pas voulu écouter les peurs, les angoisses. Quand les gens disaient ce qu'ils voyaient, on leur disait qu'ils se trompaient, qu'ils ne voyaient pas ce qu'ils voyaient. Ce n'était qu'un sentiment trompeur, leur disait-on. Puis, comme ils insistaient, on leur a dit qu'ils étaient des imbéciles, puis, comme ils insistaient de plus belle, on les a traités de salauds. On a insulté un gros tiers de la France par manque d'imagination. L'imagination, c'est ce qui permet de se mettre à la place de l'Autre. Sans imagination, pas de compassion. »

Ariane Mnouchkine (Théâtre du Soleil)

DOMAINE RÉSERVÉ

Après Emmanuel Macron qui estime que « l'éducation fait partie du domaine réservé du président », après Gabriel Attal, qui a quitté le ministère de l'Éducation pour prendre la tête du gouvernement, mais qui a promis d'être le « garant » de « la priorité absolue » donnée à l'école, il ne reste plus guère d'espace à la ministre de l'Éducation nationale, Nicole Belloubet…

TENUE VESTIMENTAIRE

« Vous rentrez dans une salle de classe, vous ne devez pas être capable d'identifier la religion des élèves en les regardant », explique Gabriel Attal pour justifier son interdiction de l'abaya à l'école.

« L'Afrique, c'est Wakanda, bordel ! À l'époque de l'empire de Koush, il y avait de l'électricité. Les pyramides que l'on voit, au sommet il y a de l'or, et l'or, c'est le meilleur conducteur pour l'électricité… C'étaient des antennes ! Les gens avaient l'électricité et les historiens le savent ».

Le rappeur Maître GIMS

INFLUENCES

Fin 2023, le CLEMI (Centre de liaison de l'enseignement et des médias d'information) a réalisé une enquête sur le rapport aux médias des lycéens, auprès de 1 000 élèves de l'académie de Rennes âgés de 14 à 19 ans. 94 % des lycéens interrogés « pensent avoir été déjà confrontés » à une fausse information sur les réseaux sociaux. Un peu plus de la moitié juge facile de reconnaître les *fake news* sur les réseaux sociaux.

« On a trouvé, en bonne politique, le secret de faire mourir de faim ceux qui, en cultivant la terre, font vivre les autres. »

Voltaire, *Le Sottisier*

AGRICULTEURS EN COLÈRE

HEP ! HEP !
LA CORDE
ET LE
TABOURET
NE SONT PAS
NON PLUS
AUX NORMES
EUROPÉENNES !
PLANTU

SUICIDES CHEZ LES AGRICULTEURS

La prévention du suicide représente un enjeu majeur de politique de santé publique agricole et l'une des préoccupations majeures de la MSA (Mutuelle Sociale Agricole).

Les assurés relevant du régime agricole sont particulièrement exposés à ce risque. Les personnes âgées de 15 à 64 ans présentent un risque de suicide accru de 43 % par rapport aux assurés de l'ensemble des régimes de sécurité sociale. Pour les personnes de 65 ans et plus, le risque de suicide est deux fois plus élevé que dans l'ensemble de la population de cette même tranche d'âge.

Rapport 2022 de la MSA

AGRICULTURE

ON MARCHE SUR LA TÊTE

Entre le 18 et le 25 janvier 2024, le mouvement de protestation agricole s'intensifie en commençant par l'Occitanie. Les raisons de la colère sont multiples : baisse des revenus, multiplication des normes, concurrence déloyale… Une politique agricole qui, selon les agriculteurs, « marche sur la tête », d'où les panneaux à l'envers à l'entrée et à la sortie de tous les villages de la France rurale.

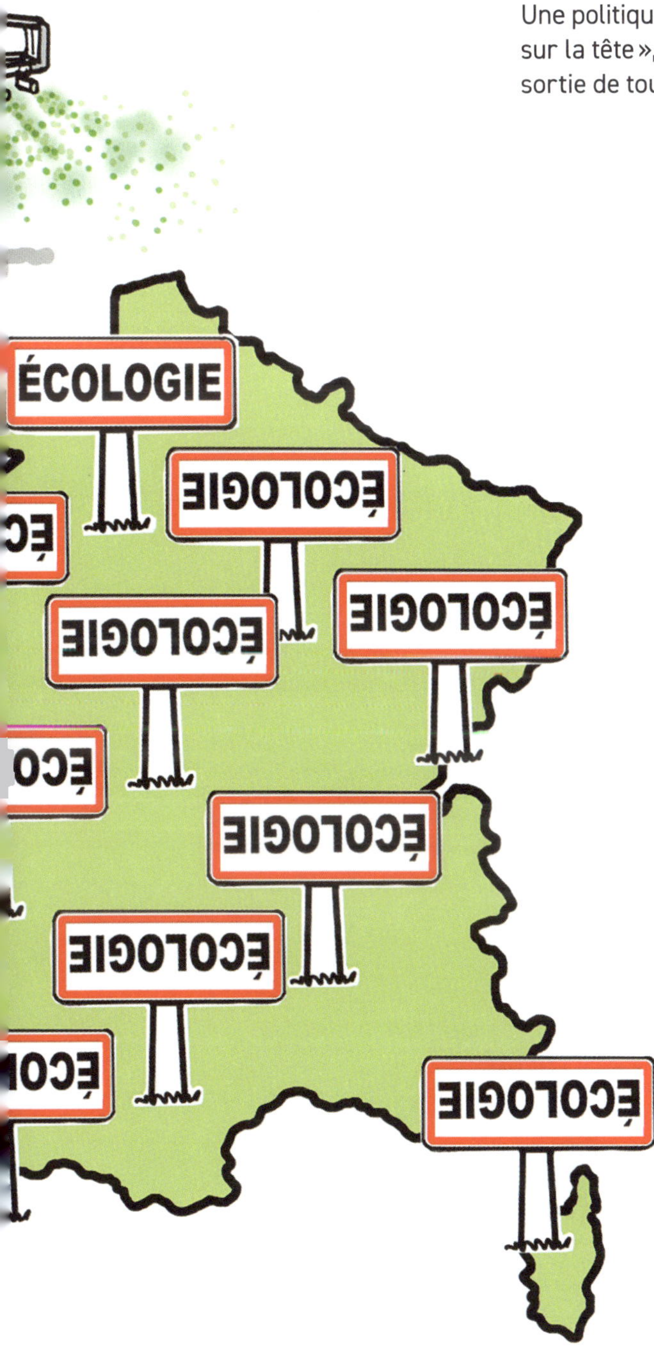

PRÉFECTURE

PRÉFECTURE

MANIFS D'AGRICULTEURS

Les agriculteurs français ont encerclé Paris avec des barricades qui perturbent la circulation, utilisant des centaines de tracteurs et des monticules de bottes de foin pour bloquer les autoroutes menant à la capitale française afin de faire pression sur le gouvernement concernant l'avenir de leur secteur.

Euronews, janvier 2024

BONNE OPINION DES FRANÇAIS

Malgré les désagréments qu'occasionnent les blocages du pays, 91 % des Français ont une bonne opinion des agriculteurs et 78 % comprennent les blocages. Cela n'empêche pas les consommateurs de se précipiter vers les produits les moins chers : le poulet ukrainien se retrouve dans les rayons français pour un prix défiant toute concurrence, alors que certaines normes imposées aux agriculteurs français ne sont pas respectées. « Le poulet ukrainien, c'est l'exemple parfait qu'on met en concurrence des producteurs de poulet français qui respectent plein de normes avec un poulet produit en Ukraine qui ne respecte pas les mêmes normes », alerte Yann Nédélec, directeur de l'interprofession de la volaille.

RMC, janvier 2024

NOUS SOMMES TOUS AVEC LES AGRICULTEURS !!
VITE !! LE POULET À 3,50 € !
Poulet aux hormones du CHILI
PLANTU

AGRI-CULTEURS EN GRÈVE
Mais comment vous faites pour être aussi populaires ?
SNCF EN GRÈVE
SNCF
PLANTU

LES NORMES, LES NORMES, LES NORMES !!!

À Bruxelles, les normes sont multiples : traitement des cultures, gestion de l'eau, protection animale, droit du travail, urbanisme, règles relevant de la politique agricole commune (PAC), Green Deal, etc. La grogne des agriculteurs s'étend en France et en Allemagne. Bruxelles va assouplir certaines contraintes de la PAC au grand dam des écologistes.

DÉPOUSSIÉRAGE

Déjà, en 2013, le sénateur et maire du Mans Jean-Claude Boulard (PS) avait essayé de limiter le nombre de règles et de lois, en remettant au Premier ministre de l'époque Jean-Marc Ayrault un rapport contre l'inflation des normes. Il sera suivi d'un nouveau rapport en 2018.

Méfiance

PESTICIDES

En France, le plan Écophyto (réduction de l'usage des pesticides) est mis en pause. Greta Thunberg s'insurge contre les reculs de la Commission européenne : « Nous sommes dans une période déterminante pour le climat. Les personnes qui s'opposent à cette loi [restauration de la biodiversité] seront sévèrement jugées dans les années futures. Pourtant, les agriculteurs et l'environnement vont de pair ! Nous ne pouvons pas avoir de nourriture sans la nature. Nous sommes du même côté. »

ASSEMBLÉE NATIONALE

Greta !! C'est pas l'moment !
ACCORD
PLANTU

APPRENDRE L'AGRICULTURE

L'enseignement agricole propose un choix de formations menant à des métiers tournés vers l'avenir, en lien avec les grandes préoccupations de notre société : l'alimentation, l'environnement, les territoires, le développement durable, l'énergie.

C'est le décret du 3 octobre 1848 qui fonde l'enseignement agricole en mettant en place des fermes-écoles départementales, des écoles régionales et l'Institut national agronomique. Afin de redynamiser le secteur agricole, Edgard Pisani, ministre de l'Agriculture, approfondit la modernisation de cet enseignement lancée par la loi du 2 août 1960 et le place sous la seule tutelle du ministère de l'Agriculture. À présent, l'enseignement agricole est le deuxième dispositif éducatif en France.

ÉCOLE
ÉCOLE
Vive l'enseignement agricole !
PLANTU

DE BORNE À ATTAL

DÉMISSION DE BORNE

Élisabeth Borne démissionne de ses fonctions de Première ministre le 9 janvier 2024. Surnommée « madame 49.3 » dans sa circonscription du Calvados, Élisabeth Borne, qui ne bénéficiait que d'une majorité relative, comme Michel Rocard en son temps, est passée 23 fois en force. Le vote du projet de loi très controversé sur l'immigration a eu raison de la cheffe du gouvernement. Elle est remplacée par Gabriel Attal.

« Le plus jeune président de la République de l'histoire a nommé le plus jeune Premier ministre de l'histoire. »

Gabriel Attal

UNE PARITÉ EN RECUL

Critiqué lors de sa nomination pour son manque de femmes, le gouvernement de Gabriel Attal semble renouer avec la parité des débuts du premier quinquennat d'Emmanuel Macron. Son équipe comprend ainsi 16 hommes et 18 femmes. Mais cet équilibre est surtout apparent : le nouveau gouvernement compte seulement cinq femmes ministres de plein exercice. En outre, pour la première fois depuis 2016, aucune femme n'est nommée à une charge régalienne.

Le Point, **février 2024**

Lacunes en Histoire de France :

IMAGES POSITIVES...

D'après un sondage Odoxa du 9 janvier 2024, l'image de Gabriel Attal est non seulement extrêmement positive, mais aussi largement meilleure que celle d'Élisabeth Borne : il est majoritairement jugé dynamique (77 %, + 34 pts par rapport à Borne la semaine précédente) ; sympathique (70 %, + 42 pts) ; ouvert au dialogue (64 %, + 35 pts) ; compétent (62 %, + 20 pts) ; et proche des préoccupations des Français (51 %, + 28 pts).

NOUVELLE COQUELUCHE

Englué dans un second quinquennat n'ayant jamais vraiment démarré, Emmanuel Macron tente le tout pour le tout et propulse Gabriel Attal à Matignon. L'Élysée a annoncé mardi en fin de matinée par communiqué la nomination à Matignon de Gabriel Attal, nouvelle coqueluche de la macronie : « Cher Gabriel Attal, je sais pouvoir compter sur votre énergie et votre engagement pour mettre en œuvre le projet de réarmement et de régénération que j'ai annoncé. Dans la fidélité à l'esprit de 2017 : dépassement et audace. Au service de la Nation et des Français. »

***L'Opinion*, janvier 2024**

C'ÉTAIT BIEN LA PEINE

En 2017, l'affaire des emplois présumés fictifs d'assistants parlementaires européens MoDem a obligé le président du parti François Bayrou d'abandonner son maroquin de ministre de la Justice, alors qu'il portait le projet de moralisation de la vie publique. Le centriste a fini par choisir « la liberté de jugement et la liberté de parole ». En février 2024, François Bayrou est relaxé, faute de preuves. Mais, immédiatement, le parquet de Paris fait appel.

HAUTE TENSION

Le 3 avril 2024, Gabriel Attal expérimente pour la première fois la formule des « questions au Premier ministre » à l'Assemblée nationale. Un échange sous haute tension avec les groupes d'opposition. Seul représentant du gouvernement, il concentre, pendant quarante-cinq minutes, toutes les critiques des oppositions et doit jongler entre tous les sujets, du dérapage du déficit public aux groupes de niveau à l'école en passant par les polluants éternels...

***Le Point*, avril 2024**

TRAÎTRES

« En Marche, c'est quoi ? Des traîtres de gauche et des traîtres de droite. »

Rachida Dati, juin 2021

De la nomination de Rachida Dati au ministère de la Culture il ne reste d'ores et déjà que le « formidable coup politique », le « subtil coup de com' ». Tant pis, semble-t-il, si ces « coups » plébiscités par les commentateurs et noyés dans le cynisme portent un énième « coup de grâce » à la culture, à la politique et à la démocratie.

***La Tribune*, janvier 2024**

« ALLIÉ OBJECTIF DE L'EXTRÊME DROITE »

Le maire de Meaux et ancien ministre Jean-François Copé est revenu sur la volonté d'Emmanuel Macron de combattre le Rassemblement national et assure que le président est aujourd'hui « un allié objectif de l'extrême droite ». « Macron annonce une politique de droite. Il nomme un gouvernement de droite. Il fait de l'extrême droite son ennemi absolu. Sauf que, dans le même temps, quand vous regardez, ce ne sont pas des réformes de structure, ce sont des mesures qui ne régleront pas à elles seules le problème. »

MAYOTTE

Et brisant le tabou de la préférence nationale, Gérald Darmanin a annoncé une modification de la Constitution visant à supprimer le droit du sol à Mayotte, et donc la fin de l'accès automatique à la nationalité française pour les enfants nés à Mayotte de parents non-français. Il espère par ce biais mettre un terme à la forte pression migratoire que connaît l'archipel mahorais, en provenance des Comores voisines.

TV5 Monde, mai 2024

SONDAGE

Selon un nouveau sondage piloté par l'institut Elabe pour BFMTV, les trois quarts des Français sont favorables à la suppression du droit du sol à Mayotte.

NOUVELLE-CALÉDONIE

Après trois décennies de paix, l'histoire coloniale de la France en Nouvelle-Calédonie rattrape le gouvernement. La crise politique couvait depuis le référendum contesté de 2021 et se double d'une situation sociale explosive, sur fond de discriminations et de tensions ethniques, selon des chercheurs. Car l'État a modifié unilatéralement la composition du corps électoral de ce pays d'outre-mer, malgré l'opposition du peuple kanak.

INGÉRENCES

La Nouvelle-Calédonie, à feu et à sang, voit se multiplier les ingérences de la Russie et de la Chine : on pouvait lire sur une banderole des manifestants « Président Poutine, libère nos colonies ».

France Info, mai 2024

3 000 MILLIARDS D'EUROS…

Le président Emmanuel Macron et son ministre de l'Économie, Bruno Le Maire, qui laissent derrière eux un déficit public de plus de 3 000 milliards d'euros, fustigent les programmes économiques du RN et des partis de gauche. Le programme des gauches serait « un délire total » pour Bruno Le Maire, tandis qu'Emmanuel Macron a affirmé que le programme du Rassemblement national s'élèverait à plus de 100 milliards d'euros de dépenses par an.

ET VOUS CROYEZ QU'ON VA S'EN SORTIR ?
3101,2 Mds€
2638 Mds€
2380 Mds€
DETTE DE LA FRANCE
2052 Mds€
1564 Mds€
1050 Mds€
845,5 Mds€
AU PIF, OUI !
2000
2004
2008
2012
2016
2020
2024

Il y a 200 ans, Ludwig van Beethoven composait la symphonie n° 9, qui deviendra l'hymne européen.

ÉLECTIONS EUROPÉENNES

MÉSENTENTE CORDIALE SCHOLZ-MACRON

Les sujets de profondes divergences entre le chancelier allemand et le président français se multiplient, notamment sur le commerce et la souveraineté.

EUROPE MORTELLE

« Nous devons être lucides sur le fait que notre Europe aujourd'hui est mortelle. Elle peut mourir. Elle peut mourir, et cela dépend uniquement de nos choix. »

Emmanuel Macron,
discours de la Sorbonne,
25 avril 2024

« Nous avons fait le choix d'une tête de liste courageuse. Une députée européenne qui travaille, qui est reconnue pour être une spécialiste des questions européennes, et c'est vrai qu'elle n'a pas la maladie Tik Tok en elle. »

Gérald Darmanin,
ministre de l'Intérieur

« Le 9 juin, nous votons aussi pour : le cessez-le-feu à Gaza ; la reconnaissance de l'État de Palestine ; l'embargo sur les armes livrées à Netanyahou ; la suspension des accords d'association entre l'UE et Netanyahou ; la sécurisation de la frontière libanaise. »

Jean-Luc Mélenchon (LFI)

« Vous êtes l'arbre qui cache la Nupes. »

Valérie Hayer (Ensemble)
à Raphaël Glucksmann

« Vous le savez, l'Europe n'est pas pour moi un slogan de campagne, c'est le combat de ma vie. »

Raphaël Glucksmann
(Place publique-PS)

« Nous désobéirons aux règles contraires à la préservation de la planète. »

Manon Aubry (LFI)

« Qui peut croire que le destin de la planète ne se joue qu'en France ? »

Marie Toussaint (EELV)

« Il existe une droite forte, fière, prête à parler à tous les Français. Une droite qui vient de loin, qui a le visage de nos parents, de nos grands-parents, de toutes les forces du pays. »

François-Xavier Bellamy (LR)

« Les électeurs ne veulent ni d'une France rabougrie par un désastre social, ni d'une Europe devenue une machine à broyer les droits et protections du plus grand nombre. »

Léon Desfontaines (PCF)

« Mon message est extrêmement clair : l'Europe est menacée et je crois que c'est la première fois que nous avons une élection où se joue l'avenir de l'Europe. »

Catherine Vautrin, ministre du Travail, de la Santé et des Solidarités

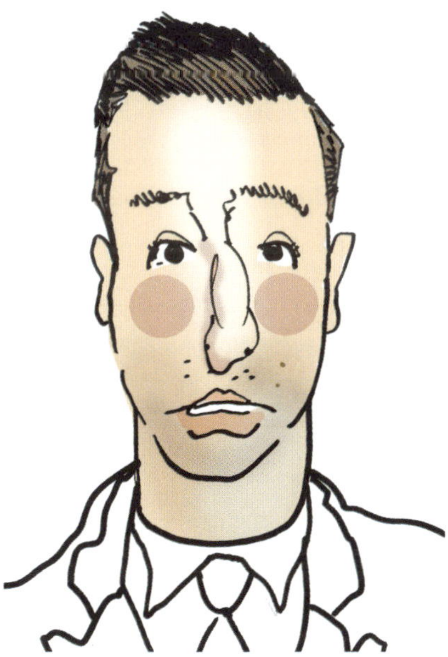

« La France revient, l'Europe revit. »

Jordan Bardella (RN)

« Nous sommes les héritiers de Jaurès quand eux sont les héritiers de Maurras. »

Benoît Payan, maire PS de Marseille

HAYER À L'AIDE!

La campagne de Valérie Hayer est chamboulée par l'omniprésence d'Emmanuel Macron. La cheffe de file de la liste du parti présidentiel, inconnue du grand public, est à la peine dans les sondages. Pour tenter de sauver la liste qu'elle dirige, Emmanuel Macron puis Gabriel Attal vont voler à son secours, provoquant la colère des autres candidats : « L'utilisation des moyens de l'Élysée pour faire la campagne de la liste soutenue par le président de la République est contraire aux règles de financement électorales », fulmine Manuel Bompard (LFI).

UNE ALLIÉE ENCOMBRANTE

La tête de liste LFI aux élections européennes, Manon Aubry, semble dépassée par la popularité d'un autre nom de sa liste : Rima Hassan, la « nouvelle protégée de Jean-Luc Mélenchon », selon un cadre du parti. Depuis le lancement de la campagne, Jean-Luc Mélenchon s'est davantage affiché aux côtés de Rima Hassan que de Manon Aubry.

LE RASSEMBLEMENT NATIONAL EN TÊTE

Jordan Bardella remporte 30 sièges au Parlement européen, avec plus de 7,7 millions de voix. Le parti du président (liste Besoin d'Europe) ne totalise que 13 sièges...

EXTRÊME DROITE AU PAYS-BAS

Geert Wilders, le chef politique d'extrême droite eurosceptique et islamophobe, ne parvient pas à renouveler la performance réalisée lors des législatives de novembre 2023. Avec sa formation, le Parti pour la liberté, il était arrivé largement en tête, mais n'avait finalement pas pu former un gouvernement de coalition, faute de soutien des autres partis.

ORBAN CARTON JAUNE

La Hongrie, qui assure la présidence tournante de l'UE pendant le second semestre 2024, est rappelée à l'ordre après la tournée diplomatique de Viktor Orban en Russie et en Chine pour promouvoir « la paix en Ukraine ». La quasi-unanimité des représentants des États membres a adressé le 10 juillet un « carton jaune » à Budapest, lors d'une réunion à huis clos.

Viktor Orban président du Conseil de l'Union européenne pour six mois

PATRIOTES POUR L'EUROPE

Le nouveau groupe politique d'extrême droite est fondé au Parlement européen à la suite des élections européennes de juin 2024 à l'initiative de Viktor Orban et présidé par Jordan Bardella. Le parti du Néerlandais Geert Wilders rejoint ce nouveau groupe.

MORT DE L'ANCIEN PRÉSIDENT DE LA COMMISSION EUROPÉENNE (1925-2023)

Jacques Delors est-il « l'inépuisable artisan de notre Europe » décrit par Emmanuel Macron, le « géant » applaudi par Olivier Faure ou « l'immense Européen » cajolé par Raphaël Glucksmann ? Ou « le fossoyeur d'une certaine idée du socialisme, et l'homme qui, au nom de convictions jusqu'au-boutistes, a plongé la France dans les vents tourbillonnants de la mondialisation et du libéralisme sauvage ».

Hadrien Mathoux, rédacteur en chef de *Marianne*

« Thatcher voulait sortir son pays du déclin. Elle a été déterminée avec trop de force vis-à-vis des mineurs mais pour le reste, elle a sorti son pays d'un déclin inéluctable. »

« Notre président est hors sol. Macron est plus du côté de Stendhal et Flaubert que du côté de son époque. »

« Il faudrait mettre l'Europe au cœur de l'éducation. J'aurais vraiment aimé être ministre de l'Éducation. Faire accepter la rigueur en France : la rigueur, c'est une manière de faire, une valeur, une inspiration. La France a davantage de possibilités grâce à l'Europe. Il est très difficile de faire l'Europe ; il est très difficile de mettre ensemble des citoyennetés mais sans l'Europe, l'Allemagne chercherait ailleurs… »

Jacques Delors, entretien inédit avec Plantu, mai 2021

LISTE
DES
PRIORITÉS
DES
FRANÇAIS

PRIORITÉS DES FRANÇAIS

Selon un sondage CSA publié le 11 janvier 2024, des Français interrogés se sont exprimés sur les priorités de leurs préoccupations :

1 · Le pouvoir d'achat en tant que préoccupation principale (45 %) ;

2 · La santé (31 %) ;

3 · L'insécurité (26 %) ;

4 · L'immigration (24 %) ;

5 · L'environnement (22 %).

Le pouvoir d'achat

Le caddy de mes soucis

NIVEAU DE VIE, INFLATION ET VOTE

L'inflation reflue, mais le pouvoir d'achat reste la première préoccupation des Français. Ils sont 45 % à le compter comme une des trois causes ayant motivé leur vote aux dernières élections européennes. Cette préoccupation est exacerbée par une augmentation globale des prix, malgré une baisse de l'inflation qui aurait pu suggérer le contraire.

La santé

DIMANCHE, DEUX JOURS APRÈS LA SIGNATURE DE LA CONVENTION, LA MANIFESTATION DU MÉCONTENTEMENT

Dans un cortège calme, rythmé par des extraits musicaux et animé par de nombreuses banderoles (ici un dessin de Plantu paru dans « Le Monde »), les médecins libéraux sont descendus dans la rue dimanche, pour la sixième fois de l'année.

CONVENTION 90

LA TRANSITION COMMENCE

Signé vendredi dernier par la Fédération des Médecins de France (FMF) et les trois caisses d'assurance maladie, le texte de la convention 90 a été diversement accueilli. Pour Claude Evin, il s'agit d'une « convention d'étape ». MG France y voit une « convention du passé » et un « rassemblement anti-généralistes ». La CSMF ne se prononcera que dimanche prochain.

LIRE PAGE 4 ▸▸▸

CRISE DU SYSTÈME DE SANTÉ

Le système de soins français s'enfonce dans la crise. C'est en tout cas le sentiment d'une large frange de soignants : les services hospitaliers sont saturés, les cabinets des médecins libéraux ne désemplissent pas. « Le système craque », répète-t-on sur le terrain. Mais avec le sentiment de ne plus être entendu.

Dessin publié dans *Le Monde*, en 1990

DIFFICULTÉS DES MÉTIERS DE LA SANTÉ

Le CILEC, Collectif infirmiers libéraux en colère, est né après le Covid, du désarroi d'une profession dont les tarifs n'ont pas été revalorisés depuis quinze ans. À cette « colère financière » s'ajoute une véritable amertume, venue de la dégradation des conditions d'exercice : les infirmières qui avaient gagné pendant la crise sanitaire une nouvelle autonomie voient leur marge de manœuvre se réduire à nouveau sensiblement.

France Culture, juin 2024

La santé

PRÉOCCUPATION MAJEURE

La moitié des Français considère que la santé est l'une de leur principale préoccupation. Ce constat vient d'être dévoilé par la Fondation de l'Avenir à l'occasion de la publication, début avril, de son baromètre de recherche médicale. Réalisée avec l'institut BVA, cette évaluation montre en effet qu'une personne interrogée sur deux place la question de la santé en deuxième position des sujets les plus préoccupants.

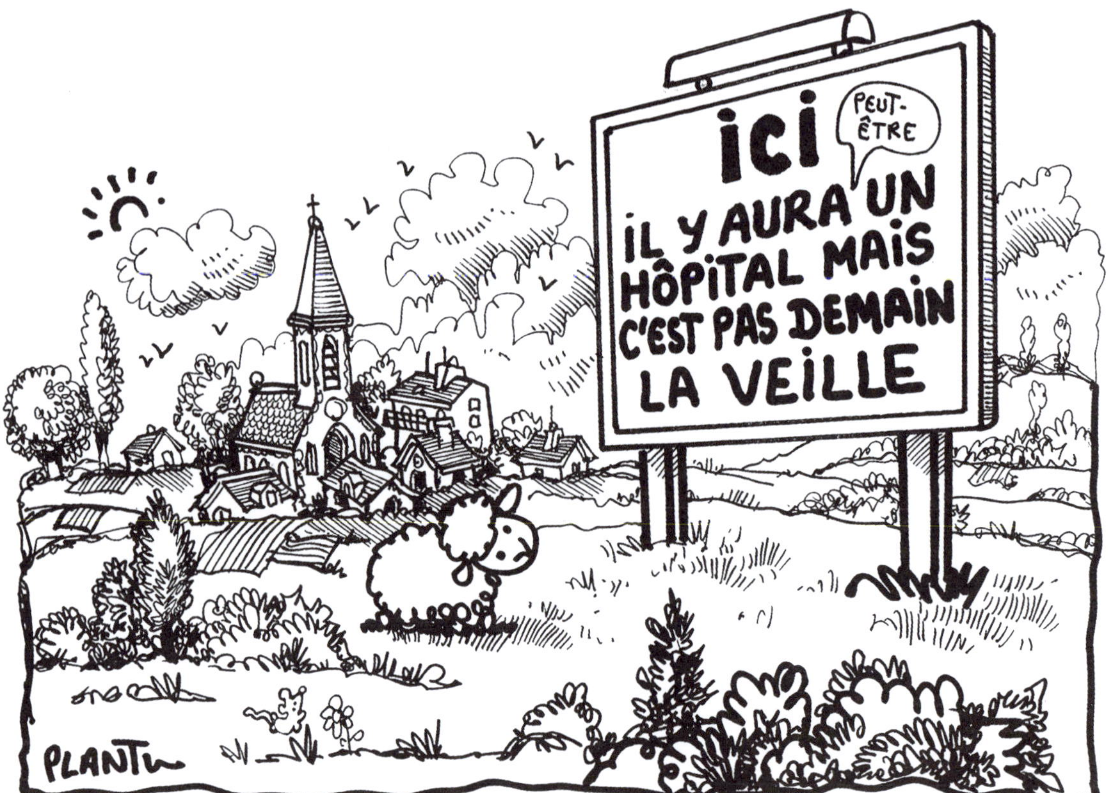

GRAND ÂGE

La proposition de loi pour le « bien vieillir » a été définitivement adoptée, le 27 mars 2024, mais où est « la grande loi » sur le grand âge ? À l'unisson, les orateurs des neuf groupes politiques au Sénat ont posé la question, lors de l'examen en dernière lecture du texte. La proposition de loi indique que le gouvernement présentera un projet de « loi de programmation » financière pour le grand âge d'ici à la fin de 2024. La disposition avait été votée dans le texte en novembre 2023. « Cette loi de programmation, nous la ferons », avait alors lancé la Première ministre, Élisabeth Borne. Mais la grande réforme ne figure pas à l'agenda du gouvernement de Gabriel Attal.

***Le Monde*, mars 2024**

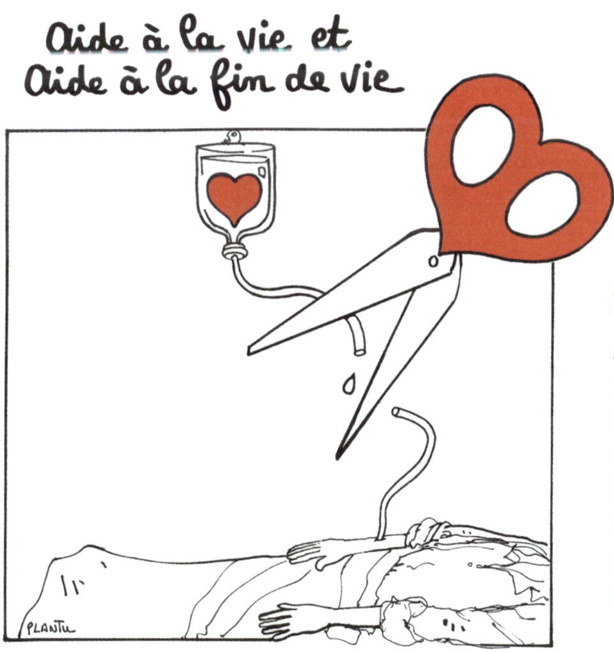

FIN DE VIE

Avec la dissolution de l'Assemblée, la loi sur l'« aide à mourir » est menacée d'effacement ; la fin de la législature a rendu caduque la partie déjà votée en première lecture à l'Assemblée nationale du projet de loi sur la fin de vie. Aucune formation politique ne prévoit d'en faire une priorité pendant la campagne ou après les élections.

***Le Monde*, juin 2024**

L'insécurité

LUTTE CONTRE LA CRIMINALITÉ ORGANISÉE

En matière de sécurité, les besoins sont immenses à Marseille. La priorité, ce sont les quartiers nord, abandonnés par les pouvoirs publics à une économie de la drogue qui a causé une trentaine de morts par balles en 2022 et déjà vingt-trois en 2023. Derrière cela, il y a la réalité d'une ville de 870 000 habitants confrontée à la grande pauvreté et à divers types d'insécurité.

***Ouest France*, juin 2023**

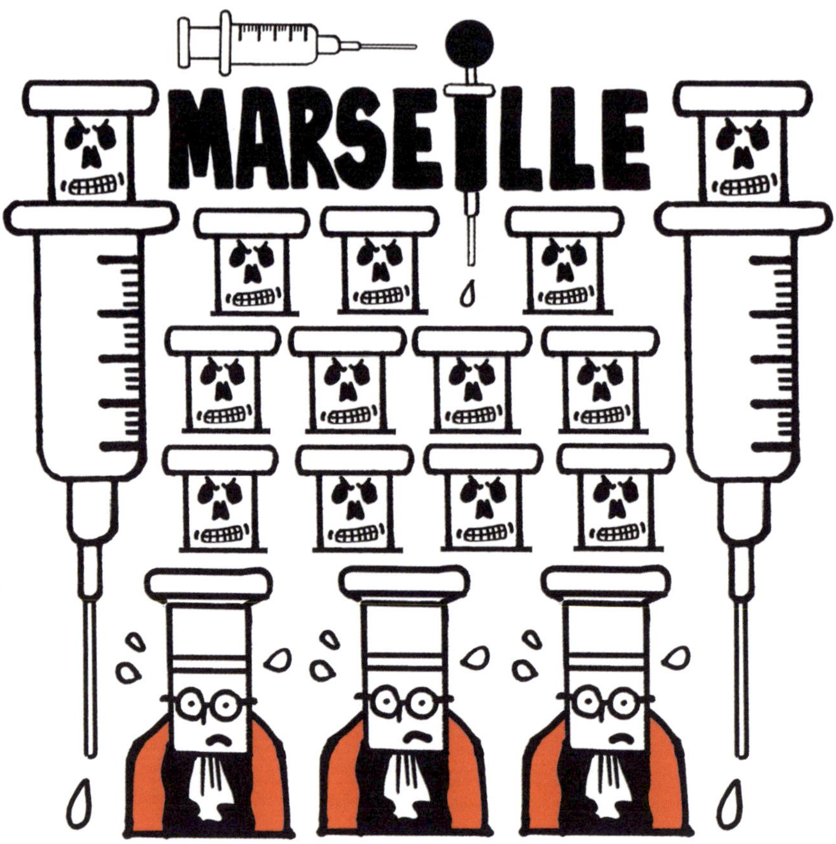

POLITIQUE DE LA VILLE ET INSÉCURITÉ

Le 26 juin 2023, Emmanuel Macron était de retour sur le Vieux-Port, deux ans après avoir lancé le plan Marseille en grand, soit 5 milliards d'euros publics débloqués pour rattraper le retard d'aménagement de la cité phocéenne. Le président de la République profitait de sa visite dans cette « ville test » pour donner le top départ de Quartiers 2030, un plan tout beau, tout neuf, qui doit définir les contours de la politique de la ville des prochaines années, en accord avec les promesses de sa dernière campagne présidentielle. À rebours, aussi, des rendez-vous sans cesse manqués du premier quinquennat.

***Le Monde*, juin 2023**

L'insécurité

RODÉO URBAIN

À Vallauris, fin août 2024, après avoir fait du rodéo et avoir renversé une petite fille de sept ans, un motard a été mis en examen. Ce motard a été remis en liberté sous contrôle judiciaire. La petite fille est décédée.

MORT DE SHEMSEDDINE À VIRY-CHÂTILLON

Le quartier pleure un adolescent « drôle », « gentil » et « sans histoire ». L'adolescent de 15 ans, mort après avoir été roué de coups jeudi dernier, est décrit par tout un quartier comme un garçon « sympathique » et « souriant ». Après les obsèques du jeune homme mardi, une marche blanche est organisée dans les rues de la ville.

France Info

DEUX JEUNES MIS EN EXAMEN

« La sœur des deux jeunes correspondait avec des personnes de son âge sur des sujets relatifs à la sexualité. Ses deux frères ont alors demandé à plusieurs garçons de ne plus entrer en contact avec la jeune fille, "craignant pour sa réputation et celle de leur famille". »

Grégoire Dulin, procureur de la République d'Évry

« L'enflure du problème de la sécurité (même s'il y a des drames) est un élément antidémocratique et anticivique. »

Jacques Delors, entretien inédit avec Plantu, mai 2021

L'immigration

TRAVERSÉES TRAGIQUES

Le nombre de migrants ayant pris la mer ces derniers mois depuis les côtes du Nord et du Pas-de-Calais pour gagner l'Angleterre est en baisse en 2023 par rapport à l'année précédente, selon un bilan de la préfecture maritime. Ils partent de plus en plus au sud du Pas-de-Calais, ce qui les force à affronter une météo plus changeante et à passer plus de temps en mer. Il y a aussi de plus en plus de monde sur les embarcations de fortune.

INONDATIONS

Depuis novembre 2023, plus de 200 communes du Pas-de-Calais et une trentaine du Nord subissent des vagues d'inondations successives. Un cauchemar sans fin pour les sinistrés qui doivent s'organiser pour reconstruire, se reloger ailleurs et obtenir des dommages.

CONSULTER OU HÉBERGER, IL FAUT CHOISIR

Une quarantaine de migrants, hébergés par une association dans le gymnase Montherlant, dans le chic XVIe arrondissement de Paris, ont été évacués le 29 janvier et laissés en plan sur le trottoir, pour permettre au gymnase de servir de bureau de vote sur les SUV. Le résultat du vote : le rejet des SUV des banlieusards.

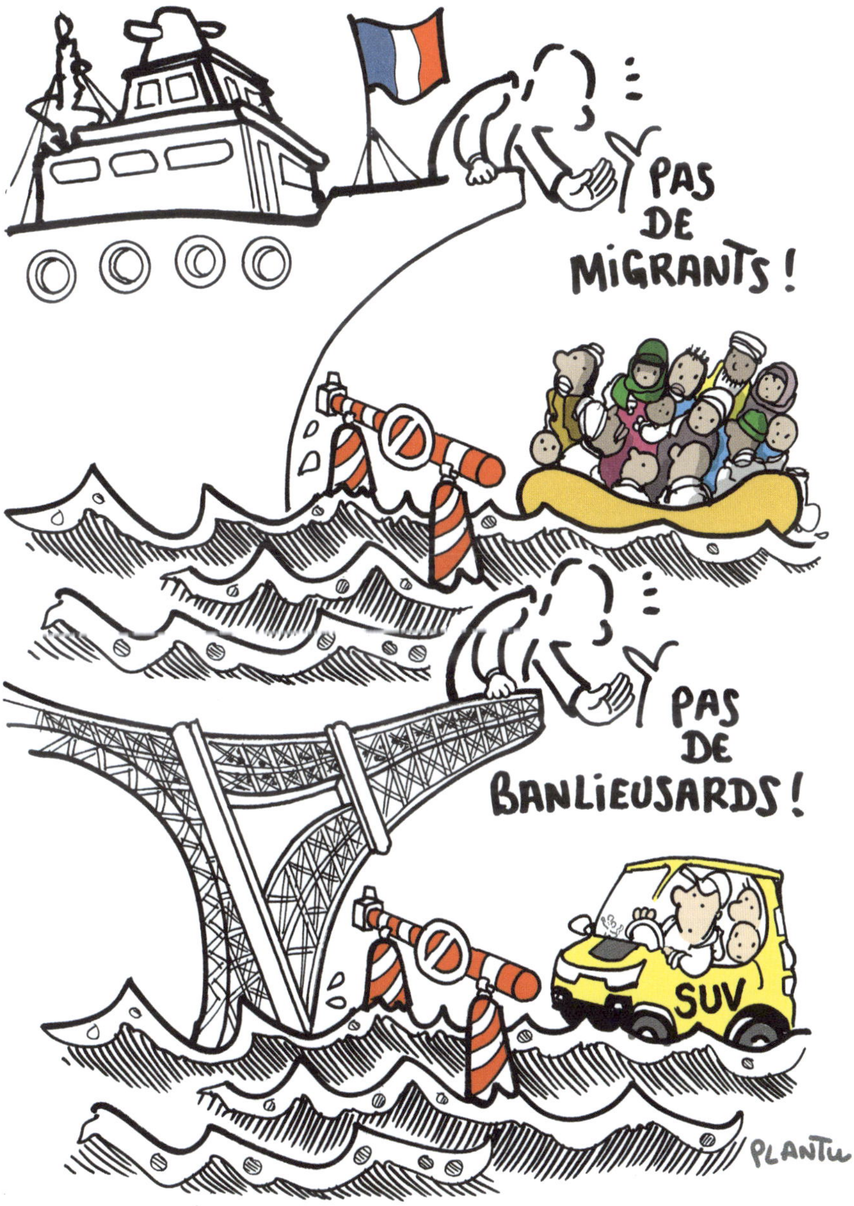

L'environnement

GRETA IN FRANCE

La militante suédoise Greta Thunberg va prêter main-forte aux luttes écologistes françaises. Le 10 février 2024, elle était attendue sur le tracé de l'autoroute A69, à quelques encablures de Toulouse. Puis, en juillet 2024, Greta Thunberg est revenue en France et s'est rendue discrètement au Village de l'eau installé à Melle (Deux-Sèvres) par les opposants aux réserves de substitution agricole, les mégabassines.

ACTIVISME PICTURAL

Le célèbre tableau de Léonard de Vinci a, une nouvelle fois, été pris pour cible par des militants écologistes. Le 28 janvier, deux activistes se revendiquant du groupe Riposte alimentaire ont jeté de la soupe sur *La Joconde*, exposée au musée du Louvre, à Paris. Les militantes ont expliqué que celle-ci visait à promouvoir le droit à une alimentation saine et durable.

***Reporterre*, janvier 2024**

COP28 À DUBAÏ

Les négociateurs du sommet international sur le climat à Dubaï adoptent un texte qui appelle à une « transition » vers une sortie des énergies fossiles.

CLIC!
CLIC!

DISSOLUTION

UN PARI FOU

Emmanuel Macron a annoncé la dissolution de l'Assemblée nationale et des élections législatives anticipées. Un « pari fou » et très risqué qui « prend l'Europe en otage », estime la presse internationale.

***Courrier international*, juin 2024**

Par les temps qui courent

TURBULENCES

Les députés du parti présidentiel traversent de fortes turbulences depuis la campagne des législatives. La recherche d'une coalition législative et l'incertitude politique achèvent de semer le trouble chez les survivants de la dissolution. Sur son aile gauche, le groupe est menacé de départs, qui mettent en lumière les fragilités du parti présidentiel.

Public Sénat, juillet 2024

RALLIEMENT

La fièvre s'empare des partis qui n'ont que trois semaines pour se mettre en ordre de marche. Le ralliement du président des Républicains Éric Ciotti au parti de Marine Le Pen plonge les Républicains dans le chaos : « Il n'est plus, à l'instant où il a pris cette décision folle, le chef du parti gaulliste. S'il le faut, nous le sortirons du bureau, qui est le bureau des héritiers du général de Gaulle », affirme Aurélien Pradié (*Le Figaro*, 12 juin 2024), suivi par l'ensemble des ténors du LR. À part Éric Ciotti, peu de membres des Républicains acceptent le ralliement au RN.

gaullisme évolutif

HONTE À VOUS !!!

Alors qu'Éric Ciotti répondait aux questions des journalistes sur le parvis du siège des Républicains, il a été pris à partie par Sandrine Rousseau. « J'ai pris mes responsabilités dans un moment très lourd, très grave pour le pays », affirmait le président des LR, lorsque la députée sortante écologiste s'est approchée de lui. « Honte à vous, monsieur Ciotti », a-t-elle déclaré devant les caméras de télévision.

***Le Figaro*, juin 2024**

LE NOUVEAU FRONT POPULAIRE

De l'autre côté de l'échiquier politique, les forces de gauche – PS, PC, les Écologistes et LFI – reforment une coalition, le Nouveau Front populaire (NFP), allant même jusqu'à investir Philippe Poutou du Nouveau Parti anticapitaliste.

« Nous avons deux périls objectifs », assure Christophe Béchu (parti Horizons, ministre de la Transition écologique et de la Cohésion des territoires de France) en renvoyant dos à dos LFI et le RN. À quelques jours du premier tour des élections législatives, le camp présidentiel tente d'affiner sa stratégie et de sauver un maximum de sièges face à ses concurrents de gauche et d'extrême droite. Emmanuel Macron a d'ailleurs participé à une réunion avec d'autres cadres de son camp afin d'acter le « ni RN, ni LFI ».

Public Sénat, juin 2024

LES PURGES DE MÉLENCHON

« Purge », « sectarisme », « sabotage »... La formation de Jean-Luc Mélenchon a révélé, vendredi soir, l'identité de ses 230 candidats investis : l'ex-député du Nord, Adrien Quatennens, condamné, fin 2022, pour violences conjugales, y figure, mais pas Danielle Simonnet, députée de Paris, ni Raquel Garrido et Alexis Corbière, élus de Seine-Saint-Denis qui incarnent des voix critiques au sein de LFI. « L'extrême droite est aux portes du pouvoir, un rassemblement inédit vient d'être constitué à gauche, et LFI décide de fracturer notre mouvement et d'affaiblir le rassemblement », a réagi, sur X, l'ex-députée de la Seine-Saint-Denis Clémentine Autain, comme d'autres figures du mouvement telles que François Ruffin.

Le Monde, **juin 2024**

BAFFE

Adrien Quatennens, qui était poursuivi pour violences conjugales, décide de se présenter aux élections législatives... Puis préfère renoncer.

DES PROPOS PROBLÉMATIQUES

Danièle Obono, membre de la direction de LFI, qualifie le Hamas de « mouvement de résistance qui se définit comme tel », à Sud Radio, le 17 octobre 2023.

« La reprise des bombardements signifie une étape d'aggravation de la guerre et présente tous les indices d'une volonté génocidaire », a affirmé Jean-Luc Mélenchon lors de la manifestation de soutien aux Palestiniens du 2 décembre 2023.

Dans un post sur X, Rima Hassan, députée européenne LFI, écrit le 26 mai 2024 : « Israël est une monstruosité sans nom. Personne n'échappera à la justice. Ni les criminels génocidaires ni leurs soutiens. »

« La sortie du député insoumis David Guiraud, lors d'une conférence en Tunisie, a provoqué à raison une vague de réactions indignées. "Le bébé dans le four, ça a été fait, en effet, par Israël, et la maman éventrée ça a été fait, c'est vrai, par Israël", a déclaré l'élu de la nation, tentant de retourner certaines des accusations visant aujourd'hui le Hamas » (propos rapportés par *Marianne*, 13 novembre 2023).

Vêtue d'une casquette nazie, Ludivine Daoudi, candidate RN à Caen dans le Calvados, se retire. C'est une photo relayée sur X dont aurait pu se passer le Rassemblement national, alors aux portes du pouvoir. Cette photo a été affichée par l'une de ses opposantes du Nouveau Front populaire, Emma Fourreau.

En Mayenne, le passé d'Annie-Claire Bell refait surface. Candidate RN dans la 3e circonscription de la Mayenne et qualifiée pour le second tour, elle avait été condamnée en 1995 pour avoir pris en otage le secrétaire général de la mairie d'Ernée avec une carabine.

Le député sortant de Loir-et-Cher du RN, Roger Chudeau, a estimé sur BFMTV que la binationalité de Najat Vallaud-Belkacem a posé un « problème de double loyauté », lorsqu'elle a été ministre de l'Éducation entre 2014 et 2017.

XÉNOPHOBIE ASSUMÉE

« Depuis le succès du RN au premier tour des législatives, les comparaisons avec le régime de Vichy se multiplient, non sans raison. Le RN s'inscrit dans la même veine idéologique : un nationalisme exclusif qui n'empêche pas une grande proximité avec des ennemis potentiels extérieurs ; une xénophobie assumée ; un racisme et un antisémitisme qui remontent aux fondements du mouvement ; une conception autoritaire du pouvoir avec la mise au pas de la justice et des institutions ; ou encore une vision organiciste de la société qui récuse l'égalité entre les citoyens. »

Henri Rousso (historien, président de la mission de préfiguration Musée-mémorial du terrorisme)

LE « GRAND FLOU » DES PROPOSITIONS DU RN

Le RN conserve ses marqueurs traditionnels sur l'immigration et la sécurité mais fluctue sur le programme économique.

Certaines propositions phares de 2022 ont disparu ou sont moins mises en avant. C'est le cas de la garantie d'une retraite à 60 ans pour ceux ayant commencé à travailler tôt, de la suppression totale de la TVA sur 100 produits de première nécessité, ou encore de la renationalisation des autoroutes.

***La Tribune*, juin 2024**

« MACRON A TUÉ LA MAJORITÉ »

Édouard Philippe a affirmé qu'Emmanuel Macron avait « tué la majorité présidentielle » en décidant de dissoudre l'Assemblée nationale. Il rappelle que le président a pris « sa décision seul ». Le chef de file d'Horizons – parti créé par Édouard Philippe, mais inscrit dans la majorité présidentielle – a pris ainsi ses distances avec le chef de l'État.

Le Monde, juin 2024

Édouard Philippe officialise, le 3 septembre, sa candidature à la prochaine élection présidentielle.

PRÉSIDENT ÉPISTOLAIRE

La nouvelle lettre aux Français d'Emmanuel Macron, un geste « d'apaisement » qui ravive les tensions politiques en France. Le chef de l'État conteste la victoire de la gauche aux législatives – « Personne ne l'a emporté » – et défend un « large rassemblement » avec les « forces politiques se reconnaissant dans les institutions républicaines », mais sans le RN ni LFI.

***Le Monde*, juillet 2024**

TAIS-TOI !

Malgré le rejet qu'ils suscitent chacun sur le terrain, le chef de l'État et le leader « insoumis » continuent d'intervenir dans le débat des législatives. Leurs troupes rêvent pourtant d'une campagne « démacronisée » et « démélenchonisée ».

***Le Monde*, juin 2024**

C'est L'EXODE avant l'arrivée des FACHOS et des antisémites ?
Non !... C'est les départs en vacances !

AUX URNES, CITOYENS !

Contrairement aux années précédentes, les Français se sont rendus massivement aux urnes. C'est un taux de participation record aux deux tours des législatives : 67,5 %. Les spécialistes parlent de scrutin historique… Les jeunes de 18-24 ans se sont eux aussi beaucoup plus mobilisés. Le temps très court pour s'organiser, alors que les deux tours des législatives tombaient au début des vacances estivales, n'a pas découragé les électeurs qui ont donné leur procuration : près de 3,5 millions…

ATTENTAT CONTRE TRUMP

Trump-Van Gogh blessé par une balle qui lui a «transpercé» le haut de l'oreille...

«UNE DISSOLUTION, ET PUIS S'EN VA»

Le silence d'Emmanuel Macron après les législatives de plus en plus critiqué dans la classe politique. Le Nouveau Front populaire exhorte le président de la République à se tourner vers lui pour «permettre de former un gouvernement». Mais Emmanuel Macron ne s'est toujours pas exprimé et il se rend au sommet de l'Otan.

France Info, août 2023

RÉSULTATS DES LÉGISLATIVES : FACE À UNE MAJORITÉ INTROUVABLE, L'ÉTONNANT RETOUR EN GRÂCE DE LA PROPORTIONNELLE

Le scrutin majoritaire a mauvaise presse. «Où sont passées ses promesses de stabilité institutionnelle ?», s'interrogent en substance ses opposants, comme certains de ses partisans historiques. Pour la première fois sous la Ve République, ce mode de scrutin uninominal à deux tours, censé dégager des majorités, a débouché sur une Assemblée nationale divisée en trois blocs minoritaires, au terme des élections législatives anticipées : la gauche du Nouveau Front populaire (NFP), le camp présidentiel et le Rassemblement national (RN).

Loris Boichot, *Le Figaro*

« Jean-Luc Mélenchon est un boulet ! »
François Ruffin

« NOUS AVONS PORTÉ NOTRE CROIX »

François Ruffin a bien failli perdre son siège : « Pendant trois semaines, nous avons porté notre croix, un sac à dos rempli de pierres, on s'est heurtés à un mur, à un nom : Mélenchon, Mélenchon, Mélenchon. » Et il jure que sa campagne a basculé en sa faveur du moment où il a acté sa rupture avec Jean-Luc Mélenchon. « Le peuple de gauche veut la démocratie, il veut le pluralisme, il veut un autre profil que le bruit et la fureur », assure Clémentine Autain.

Les députés « frondeurs » de La France insoumise (LFI), Clémentine Autain, Alexis Corbière, Hendrik Davi, François Ruffin et Danièle Simonnet vont rejoindre le groupe écologiste à l'Assemblée nationale rebaptisé « groupe écologiste et social ».

***Regards*, juillet 2024**

TRADITION RÉPUBLICAINE

Première étape, Gabriel Attal remet sa démission, c'est la tradition républicaine qui l'impose mais aussi le résultat des élections. Il faut garder à l'esprit que Gabriel Attal et Emmanuel Macron ont été battus. « Emmanuel Macron n'a pas le choix, ce n'est pas à lui de choisir le Premier ministre. Il va y avoir des négociations entre les différentes forces politiques qui vont s'accorder pour trouver une personnalité à proposer au président de la République qui se chargera de composer un gouvernement », insiste Jean-Philippe Derosier, constitutionnaliste.

Radio France, juillet 2024

EN ATTENDANT LA SUITE...

Emmanuel Macron n'a pas accepté la démission de Gabriel Attal. Pendant ce temps-là, les négociateurs du Nouveau Front populaire n'arrivent pas à se mettre d'accord autour d'un nom de Premier ministre.

« Ça fait 7 ans qu'on nous sert le "en même temps" à toutes les sauces. Mais on ne peut pas perdre et gagner en même temps. Il faut accepter le verdict des urnes du 1er et du 2nd tour de l'élection », a écrit la secrétaire nationale des Écologistes Marine Tondelier sur X, en réaction à la lettre adressée aux Français par le président. « Son déni abîme le pays et la démocratie », a-t-elle ajouté, estimant que « la logique institutionnelle lui dicte d'appeler les chefs de parti du Nouveau Front populaire pour demander de lui proposer le nom d'un Premier ministre et un gouvernement ».

Marine Tondelier (EELV)

SONDAGES DE MERDE

Aucun sondage n'avait prédit que le Nouveau Front populaire deviendrait la principale force politique à l'Assemblée nationale. Quant à la majorité présidentielle sortante, contre toute attente, elle a dépassé en sièges le Rassemblement national porté par Jordan Bardella, pourtant grand favori dès le premier tour. Concernant la couverture médiatique de cette période électorale, Alain Duhamel a reconnu sur le plateau de *Quotidien* que tous les observateurs avaient « dit beaucoup de bêtises ».

FRANÇOIS HOLLANDE

L'ancien président de la République, de retour au Palais-Bourbon après son élection en Corrèze, a annoncé qu'il n'est « pas candidat » pour former un gouvernement, ajoutant qu'il revenait au NFP de « chercher, s'il peut, à agréger d'autres familles politiques ». Il a néanmoins reconnu que ce serait « très difficile ».

La Montagne

RASSEMBLEMENT NATIONAL EN TÊTE

Le RN, qui a obtenu 7 765 936 voix aux élections européennes, en réunit plus de 10 millions (avec les députés sous bannière Ciotti) au premier tour des élections législatives.

« CLARIFICATION »

Deux heures de conférence de presse résumées en un mot. Emmanuel Macron a revendiqué ce 12 juin de permettre un « moment de clarification » en ayant pris la décision de dissoudre l'Assemblée nationale après le score historique du RN aux élections européennes. Un mot qu'il n'a eu de cesse de répéter tout au long de sa conférence de presse.

***Huffpost*, juin 2024**

CONFUSION

Après sept ans de présidence « verticale », le chef de l'État, qui disait aller dans cette élection « pour gagner », n'a plus les cartes en main et va devoir, pour la première fois, composer avec ses adversaires.

Alors qu'Emmanuel Macron justifiait son geste par un souci de « clarification », la situation est plus confuse que jamais au lendemain des élections, aucun camp n'obtenant la majorité à lui seul.

***Le Monde*, juillet 2024**

Je voulais une clarification !
Eh bien, je l'ai !

ÉLECTIONS À L'ASSEMBLÉE

Le groupe de Marine Le Pen est laissé à la porte du bureau de l'Assemblée nationale, réduit à tancer des alliances présentées comme des « magouilles ». « La clarification que voulait Emmanuel Macron est intervenue : nous sommes confrontés à une sorte de parti unique dont nous sommes en réalité la seule opposition », a fustigé Marine Le Pen, dénonçant l'« accord » entre les LR – « qui se sont vendus » – et la Macronie – « qui les a achetés, cher » – pour se répartir les postes.

***Le Monde*, juillet 2024**

« FRONT RÉPUBLICAIN »

« Les tripatouillages ont fait que l'Assemblée nationale ne ressemble pas à la France », a déclaré le porte-parole du Rassemblement national, Laurent Jacobelli, réélu député de Moselle. Arrivé en tête au premier tour des élections législatives, le RN a été victime du « front républicain » au second tour avec des désistements multiples pour éviter des triangulaires qui lui auraient été profitables. Au final, le parti à la flamme obtient 125 sièges dans le nouvel hémicycle (143 avec ses alliés ciottistes), relégué sur la troisième marche du podium, bien loin d'une majorité, même relative.

France Info, juillet 2024

RÉSURRECTION

François Hollande a gagné son pari de redevenir député de Corrèze. En battant, avec un score confortable de 43,1 %, dans une triangulaire, la candidate du Rassemblement national (RN) Maïtey Pouget (31,7 %) et le député sortant Les Républicains (LR) Francis Dubois (25,2 %), l'ancien président de la République reconquiert, à 69 ans, son siège de député à Tulle. Le deuxième ancien chef de l'État à siéger à l'Assemblée nationale, après Valéry Giscard d'Estaing en 1984, peut ainsi tenter, une nouvelle fois, de revenir dans le jeu à gauche.

***Le Monde*, juillet 2024**

L'hypothèse Cazeneuve

MENACES DE CENSURES

L'Élysée laisse fuiter les noms de possibles Premiers ministres, Bernard Cazeneuve, Xavier Bertrand… Le Nouveau Front populaire, qui, en tant que formation arrivée en tête aux élections législatives, a proposé Lucie Castets, annonce immédiatement qu'il votera la censure si celle-ci n'est pas nommée par Emmanuel Macron.

ENFIN UN PREMIER MINISTRE !

Près de deux mois après le second tour des élections législatives, Emmanuel Macron nomme Michel Barnier Premier ministre, fin d'un long feuilleton entretenu par le président de la République.

« Pouvons-nous empêcher que les choses empirent ? L'année 2024 commence avec des guerres à Gaza, au Soudan et en Ukraine et des processus de paix en crise. »

International Crisis Group

INTERNATIONAL

RÉSISTANCE AFGHANE

De passage en France et au Sénat, Ahmad Massoud, opposant afghan et fils du commandant Massoud, appelle la communauté internationale à cesser « sa politique passive » à l'égard des talibans.

Public Sénat, octobre 2023

FEMMES EN AFGHANISTAN

Fin août 2024, le régime taliban promulgue une loi qui contrôle encore plus tous les aspects de la vie des femmes. En 114 pages et 35 articles, le texte vise à « promouvoir la vertu et prévenir le vice » en les contraignant notamment à couvrir leur visage avec un masque et en leur interdisant de faire entendre leur voix en public, chanter ou lire à voix haute. Selon Human Rights Watch, ces restrictions encore plus sévères, qui visent à invisibiliser les femmes, les réduisent « au statut de non-humains ».

ATTENTAT ISLAMISTE EN RUSSIE

« Nova, Crocus, le Bataclan, nous continuerons de danser. »

Antoine Strobel-Dahan (journaliste et anthropologue des religions)

Après avoir subi le joug soviétique, puis celui de Poutine réélu en 2024 pour un cinquième mandat, la population russe est frappée par l'organisation État islamique (EI). La salle de concert Crocus City Hall à Krasnogorsk, inaugurée en 2009 en hommage au chanteur Muslim Magomayev, a été le lieu vendredi 22 mars 2024 d'une vaste attaque armée dans la périphérie de la capitale russe : 144 morts, 360 blessés.

POUTINE

Le président Vladimir Poutine, réélu pour six années supplémentaires au Kremlin selon les résultats d'une présidentielle sans opposition (près de 90 % des suffrages), a dressé le portrait d'une Russie « consolidée » par sa victoire et qui ne se laissera pas « intimider » par ses adversaires.

Le Monde, **mars 2024**

POUTINE RÉÉLU

CRIME DE GUERRE

La Cour pénale internationale (CPI) a émis, vendredi 17 mars, un mandat d'arrêt contre le président russe, Vladimir Poutine, pour le crime de guerre de « déportation illégale » d'enfants ukrainiens. Le président russe « est présumé responsable du crime de guerre de déportation illégale de population et de transfert illégal de population des zones occupées d'Ukraine vers la Fédération de Russie (...). Les crimes auraient été commis sur le territoire ukrainien occupé au moins à partir du 24 février 2022 », dit la CPI dans un communiqué, ajoutant qu'il existe « des motifs raisonnables de croire que M. Poutine est personnellement responsable des crimes susmentionnés ».

***Le Monde*, mars 2023**

DES TROUPES FRANÇAISES EN UKRAINE ?

Malgré le tollé suscité par ses propos concernant la possibilité d'envoyer des troupes occidentales au sol en Ukraine (26 février), Emmanuel Macron persiste et signe. « Comme je l'ai dit, je n'exclus rien, parce que nous avons face à nous quelqu'un qui n'exclut rien », a martelé le président de la République lors d'un entretien (29 avril) à l'hebdomadaire britannique *The Economist*. Olaf Scholz et l'Otan s'opposent à Emmanuel Macron.

BOXE MASCULINE

Soazig de La Moissonnière réalise des photos officielles très surprenantes du président de la République montrant ses muscles en pleine séance de sport. « Cette séance de boxe, au comble de la virilité, n'est pas sans rappeler Vladimir Poutine, torse nu et à cheval en Sibérie en 2009 ou en train de faire du judo, lui qui est 8e dan, l'un des grades les plus élevés de la discipline.» Et si tout cela était aussi un message destiné à Vladimir Poutine pour lui dire que la France est prête à se battre et ne baissera pas les bras ?

***Nice Matin*, mars 2024**

LIVRAISON D'ARMES À L'UKRAINE

Emmanuel Macron promet enfin, le 6 juin 2024, la livraison d'avions de combat à l'Ukraine après avoir affirmé l'année précédente que ça « ne correspondait pas aux besoins ». Il s'agit de Mirage 2000-5 de l'armée française. Emmanuel Macron ne précise pas leur nombre, mais il estime que la livraison pourrait se faire dès la fin de l'année 2024, à l'issue de six mois de formation des pilotes ukrainiens en France : « Dès cet été, pour que d'ici la fin de l'année, il puisse y avoir des pilotes et avions. » Un objectif optimiste, selon certains spécialistes...

Adieu Niger

RUPTURE NIGÉRIENNE

Après le coup d'État de juillet 2023, la dénonciation des accords de coopération militaire et l'expulsion mouvementée de l'ambassadeur, la France ferme son ambassade « pour un délai indéterminé » à Niamey, la capitale du Niger, en décembre 2023. Avec le départ concomitant des derniers soldats français, il s'agit d'une étape symbolique de la dégradation des relations avec les pays du Sahel.

RUPTURE BURKINABÈ

Le coup d'État au Burkina Faso en 2022 instaure une dictature militaire. En avril 2024, le Burkina Faso procède à l'expulsion de diplomates et personnels français dont certains étaient affectés à l'ambassade de France de Ouagadougou.

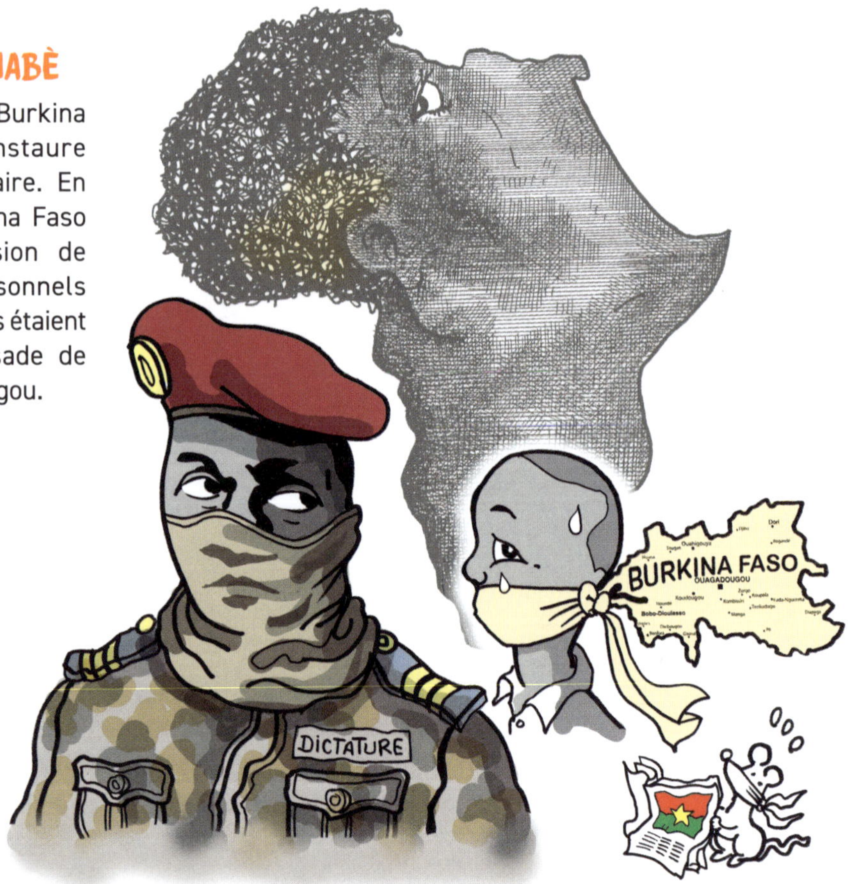

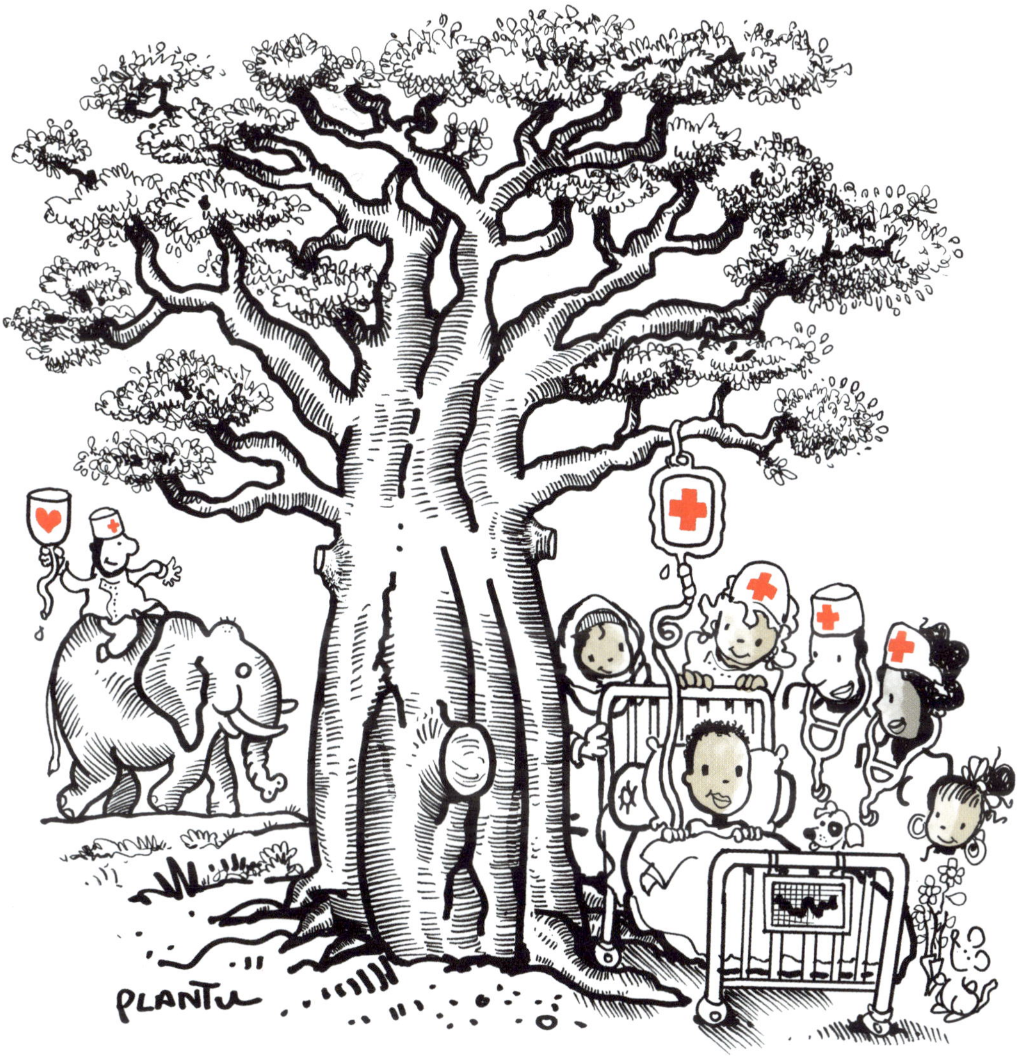

LA DRÉPANOCYTOSE

Robert Hue est une figure populaire de la politique française, même s'il s'en est éloigné depuis quelques années. Il devient secrétaire national du Parti communiste français en 1994, parti duquel il s'éloigne en 2008. Il met un terme à sa carrière politique parlementaire en 2017, année au cours de laquelle il fonde l'ONG humanitaire Drep-Afrique pour lutter contre la drépanocytose.

France Info

JOE BIDEN FATIGUÉ

Joe Biden a attribué sa fatigue lors du débat avec Trump à ses déplacements « plusieurs fois autour du monde », notamment en France pour les 80 ans du Débarquement, au cours des deux semaines précédant le combat crucial sur CNN.

TRUMP CONDAMNÉ

Douze jurés new-yorkais ont déclaré à l'unanimité, le 30 mai 2024, Donald Trump coupable des trente-quatre délits de falsification comptable dont il était accusé. Il s'agissait de dissimuler aux électeurs, lors de l'élection de 2016, l'achat du silence d'une ancienne relation extraconjugale, une actrice de films pornographiques. Pourtant, cela ne mettra pas un terme à sa campagne. La véritable sentence tombera au soir de l'élection présidentielle du 5 novembre.

On ne peut que déplorer que les autres affaires pour lesquelles Donald Trump est encore poursuivi, d'une tout autre gravité, aient été enterrées par une magistrate de Floride complaisante, Aileen Cannon, nommée en son temps par Trump, ou inexplicablement ralenties par une Cour suprême complice, dont l'image est entachée par les soupçons embarrassants de partialité qui pèsent sur deux des six juges conservateurs, Samuel Alito et Clarence Thomas.

***Le Monde*, mai 2024**

RETRAIT DU PRÉSIDENT SORTANT

Après le débat désastreux face à Trump le 27 juin, Joe Biden est peu à peu lâché par ses soutiens et ses donateurs. Pourtant le 3 juillet, Biden certifie qu'il se retirera seulement si « Dieu tout-puissant » le lui demande. Le 5 juillet dans une interview très attendue sur la chaîne ABC, Joe Biden continue à affirmer que « personne n'est plus qualifié que [lui] pour être président ou gagner cette élection ». Pressé de toutes parts d'abandonner la course à la Maison-Blanche, le président américain accepte finalement de se retirer le 20 juillet : « Bien que j'aie souhaité me présenter à ma réélection, je considère qu'il est dans le meilleur intérêt de mon parti et du pays que je me retire et que je me concentre uniquement sur l'accomplissement de mes devoirs comme président jusqu'à la fin de mon mandat. »

D'après Edward Hopper

TENTATIVE D'ATTENTAT CONTRE DONALD TRUMP

Il est blessé à l'oreille droite (comme dans le tableau de Van Gogh).

CANDIDATURE DE KAMALA HARRIS

Depuis le retrait de Joe Biden, le parti démocrate s'est presque unanimement regroupé autour de sa vice-présidente Kamala Harris, qui s'est lancée dans la course à la présidentielle sans attendre l'investiture officielle de son parti.

JEUX OLYMPIQUES

ET PARALYMPIQUES

PARIS 2024

LA LIESSE DES JO, UNE PARENTHÈSE ENCHANTÉE

Pendant deux semaines, nous avons vécu un moment hors du temps, une harmonie fraternelle où il était possible de rentrer en communion avec ses adversaires idéologiques de la veille...

Libération

Ces Jeux ont été une parenthèse enchantée, loin des galères qu'on leur promettait.

La Dépêche

Ces Jeux olympiques sont déjà classés au rang des meilleurs souvenirs par de nombreux spectateurs en liesse. Une parenthèse enchantée s'achève.

France Info

« La cérémonie a eu lieu. Elle existe désormais pour des millions de personnes, elle nous dépasse. Il faut désormais laisser faire les images, sans les encombrer de mots qui viendraient les escorter ou les canaliser. Elles vont trouver leur chemin pour nourrir les imaginaires de chacun, de manière solidaire et intime : un seul moment, un milliard de souvenirs différents. »

Patrick Boucheron (historien)

« Pensée pour l'extrême gauche qui se réveille dans une France qui danse avec la police et pour l'extrême droite qui avait misé sur le chaos... »

Sophia Aram

POLÉMIQUE AUX JEUX OLYMPIQUES

« Une honte », a déclaré Donald Trump faisant allusion au tableau des *drag queens* lors de la cérémonie d'ouverture des Jeux olympiques, vendredi 26 juillet à Paris. Beaucoup de spectateurs ont interprété cette scène comme une référence à la peinture *La Cène* de Léonard de Vinci, représentant le dernier repas de Jésus avec ses apôtres. « Vous ne trouverez jamais chez moi une quelconque volonté de moquerie, de dénigrer quoi que ce soit », a répondu le metteur en scène de la cérémonie Thomas Jolly, niant toute inspiration de la Cène biblique, mais évoquant Dionysos, dieu de la Fête et du Vin.

LA SNCF ATTAQUÉE

Des actes de malveillance détruisent des cellules électriques de la SNCF : des centaines de milliers de voyageurs sont bloqués au moment de l'ouverture des Jeux olympiques.

MALI-ISRAËL AUX JO 2024

Pour de nombreux Français juifs, il est « très important » de montrer son soutien à Israël, « dans l'ambiance actuelle ». Le match du tournoi de football masculin entre les sélections malienne et israélienne (1-1), placé sous forte surveillance policière, s'est déroulé sans incidents, au Parc des Princes, à Paris.

***Le Monde*, août 2024**

NATATION

Léon Marchand, nouvel enfant chéri du sport français, entre dans la légende aux JO 2024, en remportant quatre médailles d'or, dont trois le même jour.

Nageur olympique
espérant une médaille
Nageur clandestin
espérant approcher
des côtes européennes
PLANTU

JUDO

Désigné dernier relayeur de la flamme olympique avec la sprinteuse Marie-José Pérec, Teddy Riner est sacré champion olympique pour la troisième fois dans la catégorie des poids lourds. Il remporte une seconde médaille d'or lors de l'épreuve par équipes mixtes.

Ça y est !... je crois que
j'ai trouvé mon gouvernement !
FLORENT MANAUDOU
PAULINE FERRAND PREVOT
LÉON
TEDDY RINER
ANTHONY JEAN JEAN

CYCLISME

Benjamin Thomas devient champion olympique 2024 de l'omnium masculin, qui regroupe quatre épreuves sur piste (course scratch, course tempo, course à l'élimination, course aux points).

FIN DE LA PREMIÈRE PARTIE DES JO 2024

Superstar éternelle de ces jeux, Léon Marchand éteint la flamme et ferme la première partie olympique du livre de Paris 2024.

La nouvelle Tour de Babel
d'après BRUEGEL
PLANTU

GRAND PALAIS

À Paris, les Jeux olympiques et paralympiques 2024 accueillent au Grand Palais les épreuves d'escrime et de taekwondo.

OH! PURÉE! FAUT QUE JE FASSE DU SPORT!!

RAPPORT DE L'UNESCO

L'accès des femmes et des filles au sport souffre encore d'un important retard. À la veille des Jeux olympiques, un nouveau rapport de l'Unesco révèle que les femmes et les filles sont encore loin d'avoir un égal accès au sport à tous les niveaux, professionnel comme amateur. L'Unesco appelle urgemment ses 194 États membres à s'attaquer à ces inégalités, en mettant en place les recommandations contenues dans le rapport. Le 24 juillet, l'organisation réunira des ministres des Sports du monde entier à son siège, à Paris, pour élaborer des actions politiques concrètes.

« Nous devons garantir l'accès des filles et des femmes au sport amateur comme professionnel et mettre fin à la violence et aux autres obstacles qui empêchent ces avancées. »

Audrey Azoulay
(directrice générale de l'Unesco)

DES FRANÇAISES EN OR

Althéa Laurin est la première française championne de taekwondo à avoir décroché l'or. Pauline Ferrand-Prévot a été sacrée championne de cross VTT. En escrime, Manon Apithy-Brunet est médaillée d'or. Cassandre Beaugrand est championne olympique de triathlon. Les athlètes paralympiques ne sont pas en reste : Aurélie Aubert en or en boccia, Marie Patouillet en paracyclisme sur piste (poursuite individuelle), Émeline Pierre en paranatation (100 m nage libre).

HOMMAGES

FRANÇOISE HARDY (1944-2024)

Chanteuse française et icône de la culture pop, Françoise Hardy fut, cinq décennies durant, une présence constante. Depuis ses débuts en idole yéyé, elle avait tenu la chronique du temps qui passe, du risque qu'il y a à vivre et de la permanence. Sa voix, insaisissable, aérienne, disait sa mélancolie…

Le Monde, juin 2024

Partir quand même est l'une des chansons qu'elle a composées avec Jacques Dutronc. *Personne d'autre*, la chanson-titre de son 24e et dernier album, dédiée à Jacques Dutronc, est « un résumé de ce qu'on a vécu avec Jacques », avouera Françoise Hardy sur France 2 en 2018.

ALAIN DELON

« *Monsieur Klein* ou *Rocco*, *Le Guépard* ou *Le Samouraï*, Alain Delon a incarné des rôles légendaires, et fait rêver le monde, prêtant son visage inoubliable pour bouleverser nos vies. Mélancolique, populaire, secret, il était plus qu'une star : un monument français », écrit Emmanuel Macron sur X, le 18 août 2024.

BERNARD PIVOT (1935-2024)

Le journaliste Bernard Pivot a été le créateur d'*Apostrophes*, la célèbre émission littéraire, qu'il anima de 1975 à 1990 sur Antenne 2. L'émission était devenue le rendez-vous incontournable des auteurs et du monde de l'édition. Ex-président de l'académie Goncourt, il avait, en plus des livres, deux passions : le vin et le football.

LAURENT GREILSAMER (1953-2023)

« Ancien directeur adjoint du *Monde* et cofondateur du *1 hebdo*, mais aussi écrivain, biographe d'Hubert Beuve-Méry, d'Alfred Dreyfus et de Nicolas de Staël, Laurent Greilsamer nous a quittés le mercredi 8 novembre. »

Éric Fottorino, directeur du *1 hebdo*

CHRISTOPHE DELOIRE (1971-2024)

Christophe Deloire a été directeur du Centre de formation des journalistes (CFJ) avant de devenir secrétaire général de Reporters sans frontières à partir de 2012. Christophe Deloire était un défenseur sans relâche, sur tous les continents, de la liberté, de l'indépendance et du pluralisme du journalisme, dans un contexte de chaos informationnel. Le journalisme était le combat de sa vie qu'il a mené avec une conviction inébranlable.

RSF

RENAUD VAN RUYMBEKE (1952-2024)

L'ancien juge anticorruption Renaud Van Ruymbeke est mort à l'âge de 71 ans. Le magistrat avait instruit plusieurs des affaires politico-financières les plus sensibles des dernières décennies, comme Elf, Urba, Clearstream, les frégates de Taïwan, Kerviel, Cahuzac ou encore Balkany.

INDEX

INDEX

2024

ÉE DU DRAGON
VIVE LA PAIX !
BEAUX NÉNÉS 2024
PLANTU
d'après HERGÉ

ACHEVÉ D'IMPRIMER EN OCTOBRE 2024
PAR L'IMPRIMERIE POLLINA
85407 LUÇON
POUR LE COMPTE DES ÉDITIONS CALMANN-LÉVY
21, RUE DU MONTPARNASSE 75006 PARIS

PAPIER CERTIFIÉ

CALMANN LEVY s'engage pour l'environnement en réduisant l'empreinte carbone de ses livres. Celle de cet exemplaire est de :
1,1 kg éq. CO_2
Rendez-vous sur www.calmann-levy-durable.fr

N° D'ÉDITEUR : 1735553
N° D'IMPRESSION : 51020
DÉPÔT LÉGAL : NOVEMBRE 2024
IMPRIMÉ EN FRANCE